LE TRIOMPHE
DE LA
VILLE DE GUISE
SOUS LE REGNE
DE
LOUIS LE GRAND;
OU
L'HISTOIRE HEROIQUE
DU SIEGE DE GUISE
en l'année 1650.

Par le R. P. Iean Baptiste de Verdun
Minime.

A PARIS,
Chez PIERRE DE LAUNAY, ruë
S. Jacques, à la Ville de Rome,
proche S. Severin.

M. DC. LXXXVII.
Avec Privilege du Roy.

A SON ALTESSE
MADEMOISELLE.
DE GUISE

Ouffrez SERENISSIME
PRINCESSE, que fous les

ã ij

EPISTRE

auspices favorables de vostre illustre nom, je consacre à la posterité l'Histoire du Siege de vostre Ville de Guise de l'année 1650.

Ie sçay que les exercices de pieté font toutes les délices de voftre efprit ; que cette grandeur d'ame que vous avez heritée de vos anceftres ne fe plaift qu'à faire de grandes actions pour la gloire de Dieu & pour le falut du prochain, & que vous ne mettez voftre joye qu'à faire triompher Iefus - Chrift dans voftre cœur & dans celuy de tous ceux qui dépendent de

ÉPISTRE.

vous ; mais je ne puis igno-
rer auſſi combien vous eſtes
ſenſible aux évcnemens de la
guerre qui tournent à la gloire de la Couronne de France,
dont vos Ayeuls ont ſi noble-
ment ſoûtenu les intereſts; *Que
vous n'eſtes pas indifferente
pour ce qui regarde le bien
& l'honneur de voſtre Ville
de Guiſe ; & qu'enfin les
victoires & les triomphes où
Dieu a manifeſté ſa puiſſance avec plus d'éclat, ne peuvent eſtre que tres - agreables
à un cœur auſſi Chreſtien, &
auſſi genereux que le voſtre.*

    C'eſt dans ces ſentimens

EPISTRE.

que je presente à VOSTRE ALTESSE cet Ouvrage qui est le Triomphe de vostre Ville de Guise sous le regne de nostre invincible Monarque, LOÜIS LE GRAND, le consacrant à la posterité, comme un évenement des plus importans à l'Etat qui soit arrivé dans nostre siecle, comme une action tres-honorable à vostre Ville de Guise, & comme un miracle de la toute-puissance de Dieu. Il est vray que l'Histoire generale de France ne peut omettre un fait si glorieux à vôtre nom, & je veux croire que les plus habiles Ecrivains, tant

EPISTRE.

François qu'étrangers, se feroient honneur d'y employer leur
plume : Mais cette Histoire,
quelque exacte qu'elle puisse
estre, passera toûjours sous silence une infinité de particulariteZ qui ne laissent pas d'estre
tres-considerables : & quoy que
je n'ose pas me comparer, ni
pour l'esprit ni pour la plume,
à pas un de ceux qui pouroient
travailler sur ce sujet, j'ose pourtant avancer que personne du
monde ne le peut faire avec plus
de zele que moy pour la gloire
du nom de Guise.

l'en ay formé le dessein dés le
temps que j'estois Superieur au

ã iiij

EPISTRE.

Convent de noftre Ordre, qui
fut fondé en voftre Ville de Guife
en l'année 1610. par la pieté &
la liberalité de Monfeigneur
Charles de Lorraine Duc de
Guife pere de voftre Alteffe;
Mais ce n'a efté qu'aprés avoir
témoigné plufieurs fois à Meffieurs vos Officiers le reffenti-
ment que j'avois, que perfonne
ne s'eftoit encore mis en devoir
de faire cette Hiftoire particuliere, qui pourtant eftoit fi importante à la gloire de ce regne, à la memoire du nom de
Guife & à l'honneur de leur
Ville; & qu'aprés que l'on
m'a fait efperer que voftre Al-

EPISTRE.

teſſe ne deſapprouveroit pas que
je travaillaſſe à cet ouvrage.
Ce qui me fait croire qu'il ne
luy déplaira pas, c'eſt qu'il
part d'un cœur qui n'eſt rempli que d'eſtime, de reconnoiſſance & de reſpect pour
voſtre illuſtre Maiſon, & pour
vous en particulier, MADE-
MOISELLE, qui en faites
tout l'ornement par l'éclat
des grandes vertus qui vous
attirent l'admiration de tout le
monde : & j'oſe bien me flat-
ter que paroiſſant en public
ſous la gloire de voſtre nom,
& avec la faveur de voſtre
protection, il ſera leu avec plai-

fir, & qu'il fera connoiftre à
tout le monde que je fuis avec
un profond refpect,

DE VOSTRE ALTESSE,

Le tres-humble & tres-
obeïffant ferviteur, Frere
JEAN BAPTISTE
de Verdun, Minime.

PREFACE.

L'Histoire de France a pu-
blié si hautement les
grandes actions des Princes
qui ont porté le nom de Guise, qu'il est impossible de
rien ajoûter à la gloire de ce
nom. Et en effet, sans parler de Rodolphe ou Raoul
Duc de Lorraine, le pre-
mier de cette illustre Maison qui porta le titre de
Comte de Guise, & le fit passer
en partage aux puisnez de

fon fang, par le mariage qu'il
contracta avec Marie fille de
Guy de Chaftillon, Comte de
Blois & de Guife l'an 1334. &
qui fut tué au fervice de la
France en la malheureufe
journée de Crecy en l'an-
née 1346. fous le Regne
de Philippes VI. Sans parler de tant d'autres Princes Lorrains qui ont foû-
tenu avec éclat l'honneur de
ce nom , & qui fe font rendus glorieux à la pofterité en
combattant fous les étendars
de la France. Nous y voyons
fous le regne de Loüis XII.
Claude de Lorraine, le pre-

PREFACE.

mier de ces Princes qui établit la Maison de Guise en
France, & qui merita par la
grandeur de ses services, autant que par celle de sa naif-
sance, d'époufer Antoinette
de Bourbon, Princesse également illustre par ses vertus
& par la noblesse de son
Sang.

Du regne de Loüis XII.
elle nous conduit à celuy
de François I. pour nous le
faire voir en 1515. à la bataille de Marignan, combat-
tant contre les Suisses pour
le succés d'une si glorieuse
victoire; & nous dit que ce

fut luy qui conclut enfuite
avec eux cette Alliance qui
dure encore aujourd'huy, &
qui est si avantageufe à l'une
& à l'autre nation. On en parle comme d'un prodige à la
prise de Fontarabie en 1522.
où ce Prince paffa à la nage
la riviere de Bidofe à la tefte
de fix mille Allemans, & fut
ainfi affronter l'armée Efpagnole qui les attendoit
à l'autre bord en bataille,
& luy fit prendre la fuite.
Elle nous fait connoiftre
qu'il n'a pas efté moins la
terreur de Henry VIII.
Roy d'Angleterre, que de

PREFACE.

l'Empereur Charles - Quint
qu'il a toûjours triomphé des
ennemis de la France , & que
ce qu'il a fait à Perone en l'année 1536. est digne d'une eter-
nelle memoire. Cette Ville
estoit assiegée par l'armée
Imperiale composée de soixante mille hommes, & reduite à la derniere extremité fau-
te de poudre; ce Heros y fit
entrer à travers de toute cette
armée quatre cens Arquebu-
siers, chacun chargé d'un sac
de dix livres de poudre, &
sauva ainsi l'honneur de cette importante Place par un
trait de hardiesse, de force &

d'adreſſe tout-à fait ſurpre-
nant.

Ce fut auſſi en reconnoiſſance de tant de grands ſervices que François I. érigale
Comté de Guiſe en Duché-
Pairie dés l'année 1527. ou ſelon d'autres en l'année ſui-
vante , & qu'il honora ce
Prince du titre & de la dignité de Duc & Pair , qui juſqu'a
lors n'eſtoit donné qu'aux
enfans de France & aux Princes de la Maiſon Royale. Cet
honneur extraordinaire&une
infinité d'autres faveurs qu'il
receut de ſa Majeſté , auſſi
bien que de Henry II. ſon fils
&

PREFACE.

& successeur à la Couron-
ne, ne servirent qu'à l'attacher & toute sa posterité plus étroitement & plus
inviolablement à la France.

La même Histoire nous parle de la valeur de François
Duc de Guise, dont le nom
estoit si redoutable à nos
ennemis, que dés le regne
de François I. fort ou foible ils n'osoient l'attendre,
& que le seul bruit de son
approche les mettoit en déroute. L'Empereur Charles-
Quint en a esté témoin au
siege de la Ville de Mets
en l'année 1552. sous le regne

é

de Henry II. où ce Prince
avec peu de monde le fit perir
avec cette armée qui le rendoit formidable à toute l'Europe. L'Angleterre se sou-
viendra à jamais qu'en l'année
1557. il luy enleva Calais en
huit jours, & ensuite tout le
païs reconquis, aprés l'avoir
possedé plus de deux siecles,
quoy qu'Edoüard III. n'eust
pas esté moins d'un an à ré-
duire cette Ville avec toutes
les forces de son Royaume.

Du regne de Henry II. elle
nous fait passer à celuy de
François II. & elle ne nous
parle que de ses victoires & de

PREFACE.

ſes triomphes contre les ennemis de l'Etat & de la Religion.

Du regne de François II.
paſſant à celuy de Charles IX.
on le voit triomphant de l'he-
reſie à la priſe de Blois & de
Bourges, auſſi-bien qu'à la
bataille de Dreux, où il s'éri-
gea un trophée de gloire ſur
les ruines de cette ennemie de
l'Etat & de la Religion, &
l'on conclut ſes éloges en diſant qu'il a eſté tué au ſiege
d'Orleans en haine de la foy,
par la plus execrable trahi-
ſon du plus déterminé de tous
les heretiques.

ẽ ij

PREFACE.

Le Pape Pie IV. a accordé un pardon general en forme de Jubilé à l'Eglife Collegiale & Chapelle du Chafteau de Joinville les jours de la Touf-fains & des Trepaffez à perpe-tuité, en confideration des grands fervices que fon pere & luy ont rendu à l'Eglife en combattant jufqu'à la mort contre le parti des heretiques, comme il paroift par le Bref de fa Sainteté en datte du vingtiéme Fevrier de l'année 1565. ce qui rend leur fepulcre tout-à-fait glorieux à la po-fterité.

Henry Duc de Guife fuc-

PREFACE.

ceda sous le même regne aux
triomphes de François son
pere. On en parle à la défense
de la Ville de Poictiers, où la
grandeur de son courage luy
fit oublier la foiblesse de son
âge, & où il se signala en
mille exploits de valeur. On
le voit à la bataille de Jarnac
comme un foudre de guerre,
donner teste baissée dans l'a-
vant-garde des ennemis, &
cüeillir les palmes d'une si
glorieuse victoire. On le voit
à la bataille de Moncontour
empourprer de son sang les
lauriers de son triomphe : &
enfin le zele avec lequel il

s'eſt porté à executer les ordres de ſon Roy contre les
Huguenots, a fait dire aux
Hiſtoriens qu'il n'a pas tenu
à luy que dés ce temps-là,
ils n'ayent tous eſté extermi-
nez du Royaume.

Henry le Grand qui ſçavoit
donner le prix à la valeur
des Heros, a dit en peu de
mots à la gloire de Charles
IVe. Duc de Guiſe, ce que
tous les Ecrivains du mon-
de n'ont jamais pû exprimer
dans leurs Hiſtoires : Que ce
Prince faiſoit revivre en ſoy
par ſa valeur la memoire de
la magnanimité de ſes Ance-

PREFACE.

ſtres. Ceux qui ont leu l'Hiſtoire en ſçavent l'occaſion.
Ce fut aux portes de la Ville
de Gray au Comté de Bour-
gogne, où ce Prince avec
quinze de ſes Gentils-hom-
mes entreprit d'aller couper
le chemin à une partie de l'armée du Conneſtable de Ca-
ſtille. En effet, aprés avoir
franchi un ruiſſeau tres-dan-
gereux parmi une greſle d'ar-
quebuſades & de mouſque-
tades qu'il eſſuya avec les
ſiens, il les chargea ſi bien
qu'il mit leur cavalerie en déroute, en tua quantité, & fit
un grand nombre de priſon-

niers : il en coûta aussi la vie
à un des Commandans de la
Ville, lequel en estant sorti
avoit eu la temerité de défier
ce Heros, luy criant comme
par une espece de raillerie, à
moy, armes dorées, à moy.
Car ce Prince pour le punir
de cette insulte, ayant couru à luy l'épée à la main, le
combattit, & le poussa si vivement qu'il le jetta sur la
place : & s'en revint ainsi victorieux & triomphant parmi
la fumée des mousquets &
des canons de la Ville, dont
la courtine estoit toute en feu.
Aprés quoy le Roy l'embras-
sa,

fa, & luy donna toutes les marques d'eſtime que meri-toit ſa valeur.

Ce qu'il fit dans ſon Gouvernement de Provence que ſa Majeſté luy donna le vingt deuxiéme Octobre de l'année 1594. avec la quali-té d'Admiral des mers de Levant, & avec toute l'au-torité qu'elle auroit pû accorder à ſon propre fils, comme il eſt porté exprés dans ſes Lettres Patentes, ne l'a pas rendu moins recommandable à la poſterité. Il ſuffit de voir comment il arracha des mains de la re-

bellion & des Espagnols la
Ville de Marseille, & la remit à l'obeïssance de son Roy
en l'année 1596. & ceux qui
sçavent l'importance de cette Place, qui est une des
portes du Royaume du cô-
té de la mer Mediterranée,
qui sçavent les cononctures
de ce temps auquel les affaires
de l'Etat estoient en crise; qui
sçavent enfin la conduite é-
galement prudente & gene-
reuse de ce Prince en cette occasion, publient hautement
qu'il n'y avoit qu'un Duc de
Guise capable de cette expedition.

PREFACE.

Du regne de Henry le
Grand on pourroit paſſer à
celuy de Louïs le Juſte, &
parmi tant de differens troubles qui agiterent cet Etat,
on verroit toûjours ſa fidelité triomphante en mille
exploits ſur mer & ſur terre pour le ſervice de ſa
Majeſté. La ſeule défaite
de l'armée navale des Ro-
chelois en l'année 1622. peut
faire dire, ſans contredit,
qu'on n'avoit pas encore veu
d'Admiral plus glorieux en
France.

Sous le regne de Louïs le
Grand noſtre invincible Mo-

ĩ ij

narque, l'Hiſtoire parle de
Henry II. Duc de Guiſe au
ſiege de Gravelines en l'année 1644 où il donna de
grandes preuves de ſa va-
leur à la teſte de toute la
Nobleſſe qu'il commandoit;
elle raconte comme une merveille ſon expedition de Na-
ples en l'année 1647. où il
entra victorieux dans une
felouque au travers de toute l'armée Eſpagnole, &
ſous le feu de plus de deux
mille coups de canon qui furent tirez ſur luy, tant des
vaiſſeaux de guerre que des
Chaſteaux de la Ville; &

PREFACE.

enfin aprés avoir reconn-
la grandeur de son courage
dans mille occasions importantes, il faut avoüer qu'il
n'auroit rien cedé à la gloire
de ses ancestres s'il avoit eu
plus de bonheur.

On dit peu de chose de
Louis Joseph de Joïeuse son
neveu & son successeur au
nom & à la qualité de Duc
de Guise, parce qu'il n'a pas
vécu plus de vingt-un an;
mais on marque assez son
merite par le mariage qu'il
contracta en 1667. avec Eli-
sabeth fille de Gaston de
France Duc d'Orleans, Prin-

i iij

cesse des plus accomplies de ce siecle, & Cousine germaine de sa Majesté ; & il fit bien voir l'année suivante au siege & à la prise de Dole, qu'il estoit un digne rejetton de ces anciens Heros du nom de Guise; son courage l'ayant poussé si avant dans la tranchée, qu'il falut le commandement du Roy pour le faire retirer.

De cette royale alliance naquit en 1670. François Joseph d'Alençon Duc de Guise, & l'Histoire en a fait l'éloge en disant que la France s'est réjouïe à la naissance de ce nouvel aftre ; mais qu'à fa mort arrivée en 1675. elle a pleuré la perte des grandes efperances qu'elle en avoit conceu.

Ce regne peut fe confoler d'avoir encore une Princeffe Ducheffe de Guife, qui réünit en fa perfonne tout ce qu'il y a jamais eu de grand, de noble & de genereux dans tous fes anceftres : on fçait fa pieté, fa grandeur d'ame, fa liberalité & fon zele tres ardent pour la gloire de Dieu & pour le falut du prochain : mais fa modeftie ne me permettant pas de le publier, il faut conclure qu'il n'y a rien à ajoûter à la gloire du nom de Guise, à l'égard des Princes qui l'ont porté, aprés ce qu'en a dit l'Histoire de France.

Il n'en est pas de même à l'égard de la Ville qui en porte le nom ; & il peut sembler étrange que les Historiens ayent dit si peu de chose d'une Ville qui est la Capitale d'un des premiers & des plus considerables Duchez-Pairies du Royaume, qui dans tous les siecles passez a soûtenu contre les ennemis de l'Etat, qui peut passer pour une des plus polies de la Pi-

PREFACE.

cardie, & pour laquelle les
Rois ont toûjours eu des é-
gards tres-favorables.

C'est aussi ce qui a meu l'Hi
storien, aprés un sejour agreable de plusieurs années en
cette Ville, d'en faire une
Histoire particuliere : il n'a
point trouvé d'endroit plus
favorable à son dessein, que
celuy du siege qu'elle a soûtenu contre une armée composée de toutes les forces de
l'Espagne en l'année 1650. &
il n'a pas cru que cela deût
passer pour un contre-temps,
puisque jusqu'à present on
n'en a oüy parler que par les

Gazettes ou par des relations volantes qui ne font pas de longue durée : que les Hiftoriens qui ont écrit depuis ce temps-là, ou n'en ont rien dit, ou n'en ont parlé que fort legerement : & que l'Hiftoire generale de ce regne fe contentera de dire les chofes principales, fans fe mettre en peine de plufieurs particularitez qui ne laiffent pas d'eftre confiderables dans ce fiege.

L'on intitule cette Hiftoire le triomphe de la Ville de Guife fous le regne de Louïs le Grand, parce qu'encore qu'elle fe foit fu-

PREFACE.

gnalée dans les regnes préce-
dens en mille occasions avantageuses à l'Etat, Guise n'a
pourtant jamais triomphé
plus glorieusement qu'en cette occasion, & le siege de
l'année 1650. nous rappelle en
memoire tous ses triomphes
passez. On luy donne encore
le titre d'Histoire heroïque, à
cause qu'elle est remplie des
éloges des personnes de merite qui y ont plus de part, &
qui s'y sont distinguées par
leurs belles actions. On y
verra des faits de grande valeur, des rencontres fort extraordinaires, & quelques di-

greſſions qui ne ſeront pas
deſagreables au lecteur, qui
ſera bien aiſe d'apprendre en
paſſant quelques particularitez, ſoit des temps, ſoit des
perſonnes, ſoit de la Ville de
Guiſe, qui ayant ſervi de
rempart à la France depuis les
temps de Charlemagne, me-
rite bien d'eſtre illuſtrée en
cet endroit Au ſurplus, cette
Hiſtoire n'eſtant qu'un compoſé des relations qui en ont
eſté faites dans le temps même de ce ſiege, avec les in-
ſtructions que l'on en a pû
tirer de vive voix & par écrit
de perſonnes dignes de foy
qui

qui y ont esté presentes &
qui font témoins oculaires
de ce qui s'y eft paffé de plus
confiderable : on croit faire
un grand plaifir au public de
luy en renouveller la memoire, & de retirer de l'oubli des
faits qui font dignes de l'immortalité : & pour y proceder avec ordre, on a trouvé
bon de partager cet Ouvrage en trois Chapitres. On fait
voir dans le premier ce qui
peut rendre l'entreprise du
fiege de Guife confiderable:
dans le fecond, ce qui rend
la refiftance des Affiegez digne de toutes loüanges : &

ō

dans le troisiéme, ce qui est
de memorable dans la levée
de ce siege, où Dieu a donné des marques tres-sensibles
de sa protection.

TABLE.

DES CHAPITRES

& des Matieres qui sont
contenuës en cette
Histoire.

CHAPITRE I.

DE l'importance du Sie-
ge de Guise, où il est
parlé,

ó ij

TABLE

CHAPITRE II.

Ce qui rend la resistance des

TABLE

CHAPITRE III.

DES MATIERES.

Fin de la Table.

APPROBATION.

J'Ay leu l'*Histoire du Siege de Guise*, & n'y ay rien trouvé qui puisse en empescher l'impression, s'il plaist à Monseigneur le Chancelier en accorder la permission. Le 27. Avril 1687. Signé,

COUSIN.

LE TRIOMPHE
DE LA
VILLE DE GVISE
SOUS LE REGNE
DE
LOUIS LE GRAND,
OV
L'HISTOIRE HEROIQUE
DU SIEGE DE GUISE
en l'année 1650.

CHAPITRE PREMIER.

De l'importance du Siege de Guise, ou de ce qui rend l'entreprise de ce siege considerable.

Ntre les differents sujets qui remplissent l'Histoire & qui la rendent prétieuse à la posterité, les sieges des villes semblent devoir estre d'autant

A

plus confiderez , qu'ils font plus d'é-
clat dans le monde , qu'ils décident
affez fouvent de la bonne ou mauvaife
fortune des États , & qu'ils renferment
une infinité d'actions de valeur, de
prudence & de gloire , avec des inci-
dens qui ne font pas moins agreables
que furprenans.

C'eft ce qui fe trouve avec avantage
dans le fiege de Guife de l'année 1650.
Et pour en faire connoiftre l'importance, on parle dans ce Chapitre.

1. De l'affiette de la ville & du Château de Guife.

2. Des forces de l'armée qui en a
entrepris le fiege.

3. De la conjoncture du temps que
cette entreprife a efté faite.

DE L'ASSIETTE DE LA
ville & du chafteau de Guife.

Guife eft fituée en Tierache, dont
elle eft la principale ville & la
capitale du Duché-Pairie qui porte le
nom de Guife. Elle eft affife fur la riviere d'Oyfe environ à dix lieuës de fa

source : diftante de cinq lieuës de faint Quentin, de fept de la Fere, & de huit de Laon du cofté de la France : & du cofté des Païs-bas, elle eft frontiere au Cambrefis & au Hainaut : fur quoy il faut fçavoir pour l'intelligence de l'hiftoire.

1. Que la Tierache eft une contrée de Picardie qui fait une partie du gouvernement de cette province, & qui eft de la generalité de Soiffons : Elle a pour bornes du cofté du Nord le païs de Hainaut qui eft réüny à la Couronne par les conqueftes de fa Majefté : l'Orient a le Rethelois & la Champagne : Le midi a le païs de Laonnois dans le gouvernement de l'Ifle de France : l'Occident a le Vermandois ; & la totalité peut confifter dans l'efpace de douze à quinze lieuës, tant en longueur qu'en largeur. Les Auteurs anciens & modernes ne nous ont point appris l'étymologie de *Tierache* : je ne puis pourtant me difpenfer de dire, que quelques-uns ont penfé qu'elle avoit pris fon nom d'un grand Seigneur nommé Thierry, qui du temps de Charlemagne poffedoit cette partie orientale de

la Picardie & des Ardennes ; & ainſi la
Tierache , ſuivant cette étymologie,
veut dire la Seigneurie de Thierry. Mais
peut-eſtre que cette opinion n'eſt fon-
dée que ſur la reſſemblance des termes.
Selon d'autres, ce ſont les Anglois qui
luy ont donné ce nom pendant le temps
qu'ils ont dominé dans une partie de
la France & particulierement dans la
Picardie, pour dire en leur langage
de ce temps-là, un païs, une terre, une
contrée ou un quartier de fourages, &
encore plus proprement une terre à cavalerie, parce que c'eſtoit là l'endroit où
ils mettoient leur cavalerie en quartier
d'hyver, & d'où ils tiroient leurs fourages pour la ſubſiſtance de leurs armées , ce païs eſtant extrêmement fertile & abondant en ces ſortes de pro-
viſions : & ce qui peut favoriſer ce
ſentiment, eſt que nous ne trouvons
pas dans l'hiſtoire des temps precedens,
que cette partie de la Picardie ait eſté
appellée Tierache. Ce qui ſoit dit en
paſſant pour donner lieu à la critique
des ſçavans.

Nous avons dit que Guiſe eſt la ville
principale de la Tierache : elle comprend

encore celles de Marle , de Riblemont , la Fere , Vervins , Moncornet , Aubenton , Hirſon & pluſieurs autres lieux qui ſont tous du reſſort du Bail- lage & ſiege Preſidial de Vermandois eſtabli à Laon. Elle eſt traverſée du le- vant au couchant par la riuiere d'Oyſe laquelle y prend ſa ſource , de meſme que les rivieres de Serre, d'Aube & de Ton qui donnent le nom à Aubenton à cauſe que l'Aube y tombe dans le Ton ; l'Aroüaiſſe & pluſieurs autres petits ruiſſeaux s'y rencontrent auſſi , à cauſe que ce païs eſt haut & plain ; quoy qu'il y ait pourtant quelques colines & va- lons qui en augmentent la beauté. En- fin il y a des foreſts conſiderables du coſté de la Champagne & du Hainaut: & il s'y trouve des mines de fer , avec la commodité des forges qui ſont ſur les petites rivieres, qui ſervent à le fa- çonner. Et c'eſt ce que l'on peut dire icy de la Tierache.

Pour ce qui eſt de la ville & chaſteau de Guiſe, il faut dire en ſecond lieu, que leur premiere fondation eſt ſi ancienne que nous n'en avons point de memoires certains , non plus que de l'origine de

A iij

ce nom. Que les Seigneurs de Guise
ont esté de temps immemorial des personnes de la plus haute qualité. Qu'il y
a plus de cinq cens ans que Ameline
qui en differens titres, est aussi appellée
Adeluide & Adeluye fille & heritiere
de Godefroy Seigneur de Guise, dont
il est parlé avec tant d'éloge dans les
guerres de la terre sainte, porta cette
Seigneurie dans la maison d'Avesnes
par le mariage qu'elle contracta avec
Jacques I. Seigneur d'Avesnes. Qu'ensuite, Marie fille & heritiere de Gau-
thier Seigneur d'Avesnes & de Guise,
la transporta dans la maison de Chá-
tillon, épousant Hugues de Chastillon
I. du nom en l'an 1225. Que Pierre de
France III. fils de saint Loüis fut Seigneur de Guise par l'alliance de mariage qu'il fit avec Jeanne de Chastillon
en l'année 1263. Qu'ensuite la mesme
Seigneurie entra dans la maison de
Lorraine par Marie de Chastillon, comme il a esté dit dans la Preface de cette
histoire, puis en la maison d'Anjou
environ l'an 1420. par le mariage d'I-
sabeau de Lorraine avec René d'Anjou
Roy de Sicile, qui fut bisayeul de Clau-

de de Lorraine , premier Duc de Guise, dont la lignée a duré jusqu'à present. Que la ville de Guise porte dans ses armes, semé de France au lyon d'argent brochant sur le costé droit, comme il se voit dans cet Ecusson.

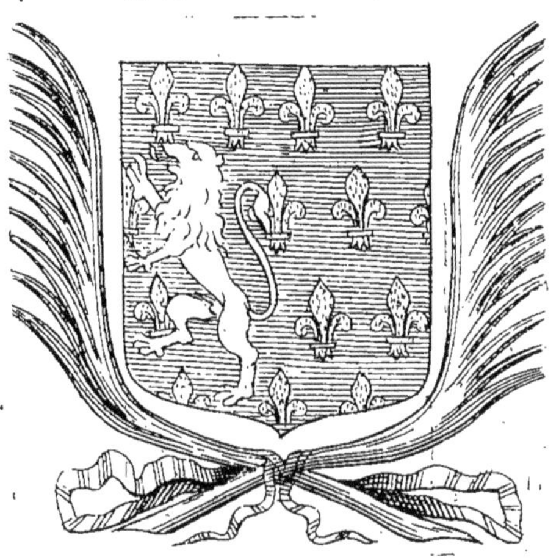

La tradition du païs porte que c'est un octroy fait par François I. à Claude de Lorraine aprés avoir erigé son Comté de Guise en Duché Pairie, disant que ce Duc ayant supplié sa Majesté de luy accorder une fleur de lys pour armes de sa ville, il luy dit pour luy marquer davantage son estime, qu'il luy en accordoit par millions, ce que l'on a executé, par maniere de *Rébus*, en

brochant le lyon parmi les fleurs de lys,
On les voit ainsi d'antiquité à la Tour
de la porte aux poissons au dessous de
la grosse horloge de Guise : & depuis
peu elles ont esté aussi posées au costé
gauche du grand Autel de l'Eglise paroissiale sur le haut de l'une des colomnes qui en soûtiennent la structure; avec
cette difference que l'on a mis le lyon
en franc quartier , ce que l'on croit
avoir esté fait sans autorité , & par le
genie particulier du Sculpteur.

Quoy qu'il en soit de cet arti-
cle, nous dirons à nostre sujet, que
pendant que la paix a duré, Guise
s'est trouvée dans un païsage extrêmement agreable & fertile , & que dans
l'intervalle de trois lieuës qui la sepa-
rent des Païs-Bas , ses campagnes é-
toient remplies de biens & de délices.

Mais depuis le partage qui s'est fait
des Gaules entre les enfans de Charlemagne , la guerre en a fait souvent une
triste solitude , ou les moissons n'é-
toient plus que de lauriers ensanglan-
tez , la chasse ne se faisoit plus autre-
ment qu'aprés les hommes , & la terre
couverte de chardons & d'horreur au lieu

de fruits & de fleurs, ne servoit plus à ses habitans, que pour estre le champ de leurs combats & la sepulture de leurs corps.

C'est tout dire que Guise a toûjours esté comme un rocher exposé aux vagues de l'ambition des ennemis de la France : Qu'elle en a souvent arresté la furie dans les siecles passez, & qu'elle a toûjours servi à la Picardie d'un important rempart, mettant à couvert vingt lieuës de païs jusqu'à la riviere d'Ayne.

D'où il est aisé de conclure de quelle importance pouvoit estre l'entreprise de ce siege, mais on en jugera encore mieux par les forces de l'armée qui en a fait l'entreprise.

LES FORCES DE L'ARME'E *ennemie.*

IMaginez-vous une grande armée composée de plusieurs nations toutes ennemies declarées de la France, & jointes en un grand corps pour en faire le ravage & la desolation. Imaginez-

vous toutes ces differentes nations
comme autant d'armées conduites &
commandées par autant de Generaux
également confiderables par leur experience, & redoutables par la grandeur
de leur courage & par leurs grands
exploits de guerre.

Imaginez-vous enfin cette grande armée enflée du fuccés de fes victoires,
allant comme en triomphe d'une mar-
che majeftueufe & rempliffant d'horreur & d'effroy toutes les villes frontieres auffi bien que les campagnes. Et
c'eft la premiere idée que l'on prétend
donner de l'armée qui a fait l'entreprife du fiege de Guife : Mais en voicy
le détail.

On prétend parler de Flamans Bourguignons, fous le commandement du
Comte de Fuenfaldaine ; d'Efpagnols
naturels, fous le commandement de
Dom Efteuan de Gamarre ; de Lorrains d'élite, fous le commandement du
Comte de Ligni-ville, du Baron de Clin-
chant & du Chevalier de Fauge ; d'Ale-
mands Imperiaux fous le commandement du Marquis de Sfontrate ; & enfin des troupes Françoifes qui avoient

fuivi le party du Marefchal de Turenne leur General, & que l'on jugera
bien n'avoir pas efté des moindres du
Royaume.

Celuy qui en a écrit dans le temps
mefme du fiege, l'a fait monter
en terme indefini à plus de vingt-cinq
mille hommes, d'où il paroift qu'il
n'en eftoit pas affez bien informé.
Le fentiment le plus commun l'a eftimée
à trente-cinq mille, mais les plus élai-
rez l'ont tenuë de plus de quarante
mille hommes. C'eft ainfi qu'il en eft
parlé, entre autres, dans les memoires
du Marefchal du Pleffis. Et pour en juger plus certainement, il faut fçavoir
que le feul corps des Lorrains n'eftoit
pas de moins que de dix mille hommes, tant infanterie que cavalerie ; &
que celuy du Marefchal de Turenne
n'eftoit pas de moindre confideration :
& enfin qui confiderera bien les lignes
de circonvallation de cette armée, qui
n'eftoient gueres moins que de cinq
lieuës de circuit, jugera que toutes les
forces du Pays-bas y eftoient ramaffées.

Mais il y avoit bien d'autres circon-
ftances qui pouvoient rendre cette ar-

mée redoutable à la ville & chasteau de
Guise. C'estoit une armée qui sortoit
de chez soy, & qui n'estant éloignée de
son païs que de cinq ou six lieuës, pouvoit en attendre tous les jours toutes
sortes de secours & de rafraichissemens.
C'estoit une armée qui venoit de reduire le Castelet sans presque de resistance, & qui sembloit ne devoir rien trouver qui luy pût resister.

Mais ce que j'estime plus considerable que tout le reste, c'estoit les pas-
sions differentes dont estoient animées
toutes ces differentes nations : On sçait
assez le fonds de haine que les Flamans-
Bourguignons ont toûjours eu contre
la nation Françoise, quoique la plus
aimable & la plus obligeante qui soit
au monde. Mais ce qui les animoit
jusqu'à l'excés contre ceux de Guise,
c'estoit la raison du voisinage, & le
souvenir des contributions qu'ils a-
voient toûjours esté contraints de
payer, & de mille & mille insultes
qu'ils avoient souffertes de sa garnison
en temps de guerre, toûjours preste à
faire des courses, à les battre & à les
brûler. Les Espagnols en fort mauvais

équipage à leur ordinaire & mourant
de faim, y alloient avec une extrême joye
dans l'esperance qu'on leur donnoit
du pillage ; & par ce moyen de remedier à leur faim, & de couvrir leur nudité. Les Lorrains s'imaginoient aussi
de grands avantages dans la prise de
Guise ; & ceux qui sçavent leur attachement aux interests de leur Prince
naturel, jugeront qu'ils y alloient aussi
bien que les Allemans leurs confédderez, du meilleur de leur cœur.

Enfin l'on peut croire que des sujets
qui ont bien osé tourner leurs armes
contre leur Roy, sont capables de tout
entreprendre pour soûtenir leur revolte ; & qu'il n'y a point d'extremitez
où ils ne se portent pour le mettre hors
d'estat de pouvoir s'en vanger ; & partant qu'il y avoit tout à craindre d'une armée qui estoit soûtenuë d'un parti
aussi redoutable qu'estoit celuy des
troupes Françoises qui avoient suivi le
Mareschal de Turenne.

On peut ajoûter pourtant à tant de
considerations, la grande reputation
de tous ces Generaux d'armée, & la
confiance extraordinaire qu'avoient ces

troupes en leur valeur. C'estoit assez
aux Flamans de sçavoir que le Comte
de Fuensaldaine Generalissime des armées du Roy d'Espagne estoit à leur
teste, pour croire que toute la France
devoit faire joug à leurs armes.

C'estoit assez aux Espagnols avec leur
fierté ordinaire, de penser que Dom
Esteuan de Gamarre estoit de la race de
leurs Dieux, pour croire qu'ils ne venoient pas pour combattre, mais pour
triompher & pour vaincre.

C'estoit assez aux Allemans & à leurs
conféderez de voir les aigles de l'Empire voltiger sur la teste de leurs Chefs,
pour crier *victoire* avant mesme que de
combattre. Et tout ce qu'il y avoit de
troupes Françoises en cette grande armée, alloient comme à la nopce au
siege de Guise, se voyant commandées
par un Mareschal de France, également sage & vaillant, qui avoit le plan
de la place entre ses mains & en
sçavoit le secret, & dont le seul nom
estoit redouté dans toute l'Europe.

Et c'est sur toutes ces considerations
qu'il est plus aisé de juger de l'importance de ce siege; mais on en fera enco-

re plus perſuadé par la conjonĉture du temps que l'entrepriſe en a eſté faite.

DE LA CONIONCTVRE
du temps du ſiege de Guiſe.

L'Entrepriſe s'en eſt faite pendant la minorité du Roy : ç'a eſté en l'année 1650. pendant que Meſſieurs les Princes de Condé & de Conti & le Duc de Longueville eſtoient priſonniers d'Etat au chaſteau de Vincennes ; & enfin durant l'abſence de Monſieur le Duc de Guiſe pour lors priſonnier en Eſpagne ; & ſur toutes ces conjonĉtures remarquables, on doit conclure abſolument, que jamais les ennemis ne pouvoient prendre mieux leur temps pour faire reüſſir cette entrepriſe ; & que jamais on ne fut moins en eſtat de s'oppoſer à un deſſein ſi pernicieux à la Couronne de France.

Chacun ſçait que le temps le plus perilleux de ce regne, a eſté celuy de la minorité du Roy : tout y eſtoit ſuſpeĉt, tout y eſtoit douteux, tout y eſtoit dangereux. De-

dans ni dehors on ne sçavoit à qui se
fier; & l'on se croyoit comme perdu
aussi-tost que l'on se voyoit attaqué:
ce seroit assez dire qu'il n'y avoit pas
d'intelligence entre les Ministres de la
Regence & les Princes : Qu'ils estoient
en défiance les uns des autres, & que
chacun d'eux faisoit des partis pour sa
seureté & pour le soûtien de ses interests : ce seroit assez dire, que toutes
les nations étrangeres qui pouvoient
avoir quelque ressentiment contre ce
Royaume, croyoient avoir trouvé
l'occasion de se vanger; & qu'enfin
les alliances les mieux establies, & les
confedérations les plus sacrées n'é-
toient plus en assurance.

Mais pour le faire voir par l'histoire, il faut sçavoir que dés l'année 1643.
les Espagnols voyans Louïs XIII.
d'heureuse memoire, malade au lit de
la mort, dresserent leur premiere batterie contre Rocroy, pensant entrer
par là dans la Champagne, & par ce
passage aller ébranler toutes les colomnes de la Monarchie d'un Roy de
cinq ans, qui ne faisoit que de monter
au trône.

Il eſt vray que Monſieur le Prince pour lors Duc d'Anguyen, les ayant deffaits en bataille rangée, le meſme jour que le Roy fut prendre ſçeance en ſon Parlement de Paris ; & le ſixiéme jour de ſon regne, ils ſe trouverent bien loin de leur compte.

Mais on ne ſçauroit celer que cette meſme & premiere année de ce regne, ne fut pas exemte de troubles inteſtins, tant à cauſe de l'élevation du Cardinal Mazarin au ſouverain miniſteriat, & de l'éloignement de quelques autres, qui pouvoient y prétendre, qu'à cauſe de la diſgrace du Duc de Beau-fort, qui fut fait priſonnier d'Eſtat au bois de Vincennes. Et quoy-que pendant les années 1644. 1645. & 1646. les affaires du Royaume fuſſent ſur un fort bon pied contre les ennemis du dehors, & qu'au dedans, perſonne n'oſaſt faire éclater ſes mécontentemens, la ſuite a bien fait voir, que c'eſtoit un feu caché capable d'ébranler toute la Monarchie, & de porter ſes flammes aux quatre coins du royaume. Cela parut en l'année 1647. Le Parlement de Paris commença à ſe broüiller avec le Conſeil

B

du Roy sur la verification & l'execution
de certains Edits, Declarations & Ta-
rifs qu'il jugeoit préjudiciables au bien
public : & ensuite il y eut quelques Presidens & Conseillers de cet illustre
Corps exilez à ce sujet ; ce qui causa de
grands murmures parmi les peuples &
pensa mettre tout le royaume en com-
bustion.

En l'année 1648. L'Archiduc Leo-
pold Gouverneur des Païs-bas, profitant des troubles qui estoient dans le
cœur de la France, mis l'allarme dans
toute la frontiere avec une armée tres-
puissante ; il se rendit maistre de Cou-
tray, de Furnes & de quelques autres
places : Et le *Te Deum* qui fut chanté
en action de graces de la victoire qui
fut remportée à la bataille de Lens sur
les ennemis, par Monsieur le Prince,
se termina par les Barricades de Paris,
avec la plus grande confusion du
monde.

En l'année 1649. Le Roy s'estant retiré mécontent de Paris, la guerre civile
fut declarée ouvertement; quelques Par-
lemens du royaume se liguerent avec celuy de Paris ; plusieurs Princes & per-

fonnes de la premiere qualité prirent
le party du peuple, & firent des levées de
gens de guerre dans l'enceinte de cette
Ville & dans les provinces, fous un pré-
texte fpecieux du bien de l'Eftat, & le Roy
ramaffa prés de fa perfonne fes meil-
lieures troupes, pour les faire fervir à fa
propre confervation, & pour ramener
fes fujets à leur devoir.

Cela fe fit avec affez de fuccés : &
neantmoins l'année ne fe paffa pas fans
que l'on vift naiftre de nouveaux fujets
de troubles & de foûlevemens, à l'occafion des rentes de l'Hoftel de Ville.

Mais ce qui s'eft pafsé en l'année
1650. fera bien voir, qu'il ne pouvoit
y avoir un temps plus perilleux pour
le fiege de Guife.

Il faut donc fçavoir que Meffieurs
les Princes de Condé & de Conty ayant
efté arreftez par ordre du Roy, & faits
prifonniers au chafteau du bois de Vincennes avec le Duc de Longueville
leur beau-frere le 19. de Janvier, cela
caufa dans Paris, & de-là dans toute
l'étenduë du Royaume, un eftonne-
ment fi grand qu'il feroit difficile de
l'exprimer. En effet qui auroit jamais

penſé, que ces Princes du ſang royal, qui ſembloient eſtre les colomnes du Royaume, euſſent pû tomber dans une telle diſgrace ? Que Monſieur le Prince de Condé en particulier, ce Mars, ce Heros de la France, qui avoit remporté tant de victoires ſur les enne-mis depuis le commencement de ce regne, & qui venoit encore d'expoſer ſa Vie à mille & mille dangers pour le ſervice de ſa Majeſté à la reduction de la ville de Paris à ſon obeiſſance, eût pû perdre les bonnes graces du Roy & eſtre arreſté priſonnier d'Eſtat ?

Quoy qu'il en ſoit, la Ducheſſe de Longueville ſe retire en Normandie, Gouvernement de ſon mari ; & par ſa preſence elle ébranle toute cette grande province.

Monſieur le Duc d'Anguyen fils unique de Monſieur le Prince, eſt amené à Bellegarde par le Comte de Tavannes, Lieutenant des gens d'armes du Prince ; & voilà toute la Bourgogne en allarme.

Le Duc de Boüillon avec quelques autres qui eſtoient bien avant dans les intereſts des Princes, ſe retirent

Bordeaux ; & voila toute la Guyenne en trouble & prefte à fe foûlever.

Il eft vray que le Roy eftant allé en perfonne en Normandie, il y apporta auffi-toft le calme, & y eftablit la feureté. Il eft encore vray, qu'eftant allé en fuite en Bourgogne, il n'y eut que la ville de Bellegarde qui ofa luy refifter, & qu'elle ne tarda gueres à fubir le joug de fes armes. Mais l'affaire de Bordeaux eftoit d'autant plus de confequence, que les Efpagnols y avoient des intelligences, & qu'ils eftoient écoutez par la populace, fur les offres qu'ils faifoient d'hommes, d'argent & de toutes les autres chofes neceffaires pour foûtenir une guerre fi dangereufe.

Il eft vray encore, que le Roy diffipa toute cette mutinerie par fa prefence toûjours victorieufe : Mais cependant que n'y avoit-il point à craindre au dehors, pendant que le dedans du Royaume donnoit tant d'occupation au Confeil & aux armées du Roy ?

Le Comte de Fuenfaldaine ne fit-il pas entreprife fur Dunkerque ? & peut-eftre qu'il feroit venu à bout de fon deffein, fi Monfieur de l'Eftrades Gou-

verneur de cette importante place, n'a-
voit paré par fa prudence & par fon
courage, un coup qui auroit efté fi funefte à la France. Le Marquis de Sfontrate ne prit-il pas le Caftelet, pour
fervir de prelude au deffein que tout le
confeil d'Efpagne avoit formé fur la
ville de Guife?

Mais aprés tout, ce qui flattoit d'a-
vantage leur imagination, c'eftoit qu'il
n'y avoit point de Duc de Guife en France pour la deffendre & que le tenant
prifonnier à Madrid, il n'y avoit perfonne qui fût capable de leur faire tefte, &
qui pût leur en empêcher la conquefte.

Voilà donc toute cette grande armée, dont on a fait cy-devant la de-
fcription, qui comme un torrent impetueux vient fondre fur la ville de
Guife : Et l'on pourroit prendre plaifir à s'imaginer que les Efpagnols avec
leur fierté ne l'aperceurent pas plûtoft,
qu'ils en conceurent du mépris & qu'ils
ne la jugerent pas digne de leur ambition : en quoy on peut dire qu'ils eurent les mefmes fentimens que Goliad
eut du petit David. Ce geant armé de
toutes pieces, voyant ce jeune berger

venir à luy avec un baston & une fonde
pour le combattre, le traita avec dé-
dain, le chargea d'injures & de male-
dictions, & jura par ses grands Dieux
qu'il le mettroit en pieces, & le donne-
roit en proye aux oyseaux du ciel. Telles
sont les rodomontades des Espagnols.
Mais c'est-ce qui rend infiniment plus
glorieuse la resistance de ceux qui ont
soûtenu ce siege, comme on va le faire
voir dans le Chapitre suivant.

CHAPITRE II.

Ce qui rend la resistance des Assiegez digne
de toute loüange.

Quoi qu'il y ait de la vertu à entreprendre & à attaquer, il est toutefois constant dans les principes de la
morale, qu'il y a plus de merite & de
gloire à soûtenir une attaque & à se
deffendre lors que l'on est attaqué, qu'à
attaquer son ennemi, sur tout lors que
l'aggresseur attaque avec avantage, &
que le soûtenant se deffend avec des

forçes tout-a-fait inégales. Et c'est ce
que nous remarquons dans le siege de
Guise.

On a parlé cy-devant de l'armée ennemie, comme d'une armée capable de
faire trembler les places les plus assurées
du royaume, une armée également
forte en Cavallerie & en Infanterie &
fort bien fournie d'artillerie & de toutes
sortes de munitions de guerre : Qu'elle
merveille de la voir venir fondre sur
une ville de Guise ? Mais voicy ce qui
rend infiniment glorieuse la resistance
des Assiegez.

1. La foiblesse de la place,

2. Le peu de monde qui en a soûtenu
le siege.

3. La longueur du temps qu'il a duré
avec les grands exploits de valeur qui
ont esté faits pendant tout le siege.

L'estat de la Ville & du Chasteau de Guise.

ON ne peut nier qu'à considerer la
ville & le chasteau de Guise en
l'estat où la place se trouve aujourdhuy,
elle

elle ne soit capable de soûtenir un siege,
de faire échoüer une puissante armée,
& d'ôter pour jamais à ses bons voisins
des Païs-Bas l'envie de tenter une pareille entreprise.

Et afin de donner au Lecteur curieux
toute la satisfaction qu'il pourroit souhaitter en cet endroit, on veut bien
luy faire une description assez ample de
Guise, pour luy faire connoistre l'estat
où elle se trouve à present, quelque
chose qui la concerne dans les siecles
passez, & l'estat où elle se trouvoit au
temps du siege de l'année 1650.

On dira d'abord que la ville est fermée de bonnes murailles, flanquée de
bons bastions & de tours à l'antique,
avec un fossé qui a l'avantage de la riviere qui y fluë presque par tout.

Que le chasteau est construit sur une
roche fort escarpée, & qu'il y a au mil-
lieu une Tour qui surpasse dans son élevation toutes les montagnes qui l'environnent.

Quoy qu'il en soit si l'on veut s'en
rapporter aux plus experimentez dans
les fortifications & les sieges, Guise
quoy que place peu considerable en

apparence par comparaison aux autres
villes de guerre, est pourtant des plus
meurtrieres, tant à cause quelle est bi-
zarement bastie, que pour la quantité
des travaux, qui ont esté faits successi-
vement, & suivant les differents genies
de ceux qui les ont ordonnez.
Voicy ce qui est de plus particulier.

La ville & le chasteau de Guise qui
sont honorez du titre de Duché-Pairie,
sont posez au regard du ciel au 24. degré 50. minutes de longitude : & au 49
degré 55. minutes de latitude.

La ville est située dans une belle plaine, & baignée par deux canaux qui nais-
sent du nouveau lit de la riviere, que l'on
a fait autre fois pour y conduire l'eau &
pratiquer des moulins.

Son assiette plus particuliere occupe
l'espace d'entre deux montagnes, qui
regnent le long de l'Oyse, & qui forment
un fort bel aspect, & celle qui termine
la ville à l'occident, est un roc escarpé
à plomb sur lequel est construit le chasteau.

Le fossé qui l'environne est à sec du
costé du couchant, & de vers le quartier
des Minimes; mais la muraille y est flan-

quée , par un grand demy-bastion qui
termine un fort beau mur de communication de la ville au chasteau, & qui est
un bel ouvrage de maçonnerie terrassé,
qui a esté fait depuis quinze ans.

Il faut dire encore que la ville de
Guise est cantonnée en plusieurs endroits , tant par les rochers , que par
les canaux de la riviere , qui luy ser-
vent comme d'autant de retranchemens.

Elle est de figure triangulaire, se par-
tageant en deux ruës principales , dont
l'une regne le long du chasteau, se nomme de Chanterayne, & se termine à une
porte & à un fauxbourg de mesme nom.
L'autre se nomme la ville , & se termine
à une porte dite vulgairement, la porte
aux poissons ; & toutes deux ensemble
se reünissent à une place dite aussi vulgairement, le Tocquet : & de là naist
une troisiéme ruë, qui par un retour
fort rapide, conduit au chasteau.

De la porte-au-poissons ; l'on entre
dans une autre partie considerable de la
ville, qu'on nomme assez improprement
le grand fauxbourg, attendu qu'il est
compris dans l'enceinte de la ville.

Il y a en cet endroit une place pu-

lique affez vafte pour contenir trois
quatre mille hommes en bataille, avec
une grande halle qui fert de marché au
bled. Et il y avoit en cet endroit une
porte que l'on nommoit, la porte de la
Prée, à caufe des prairies où elle abou-
tiffoit, mais elle a efté fermée pour
faciliter la garde de la ville. Elle eft fermée de ce cofté là par une autre porte
que l'on nomme, la porte du grand
pont, d'où l'on entre dans un fauxbourg
de même nom. De celuy-là on entre dans
deux autres, l'un tourne au Nord fur la
route des Païs-Bas, & eft appellé le fauxbourg S. Lazare: l'autre qui regarde l'O-
rient, eft appellé le fauxbourg de Villers,
& conduit en montant à la Capelle.
 La rüe de Chanterayne eft ferrée par
les rochers du Chafteau d'un cofté, &
par la riviere de l'autre dans un efpace
de vingt à trente toifes de large, avec
deux rangs de maifons ; & en cet endroit eft l'auditoire de la Juftice & le lieu
deftiné aux affemblées de la ville. La
porte qui la termine du cofté de France,
aboutiffante aux chemins de Laon, de
faint Quentin, de la Fere & de Vervins,
eft un ouvrage à la moderne: elle eft cou-

verte d'une demy-lune, & d'ailleurs def-
fenduë par un grand baſtion reveſtu, auſſi
nouvellement conſtruit.

Il y a deux Egliſes dans la ville. La
principale ſous le tiltre des glorieux
Apoſtres ſaint Pierre & ſaint Paul dans
le voiſinage du chaſteau. C'eſt l'Egliſe
Paroiſſiale , & dans laquelle Monſieur Boutroy ancien Chanoine &
Doyen de la Collegiale, dont il ſera
parlé cy-aprés, fait aujourd'huy les fonctions de Curé avec la ſollicitude d'un
veritable Paſteur. L'autre Egliſe eſt de-
diée à ſaint Medard aux environs du
Fauxbourg de Villers, ſert de ſecours
à l'Egliſe Paroiſſiale, & là eſt le cime-
tiere de toute la ville.

On ne ſçauroit ometre que ſon
Alteſſe Mademoiſelle de Guiſe, entre
tant d'autres monumens de ſa pieté, a
fondé & fait baſtir depuis peu en ce
quartier, un hoſpital qui eſt deſſervi par
les ſœurs de ſaint Lazare : les paſſans &
les ſoldats de la garniſon, auſſi bien que
les pauvres habitans y ſont receus , traitez & ſollicitez avec une charité tout-
à fait exemplaire. Et comme ſi ſa liberalité ne pouvoit eſtre ſatisfaite par

C iij

cette fondation , quoique tres-confide-
rable , elle entretient encore des écoles
charitables pour les garçons auffi-bien
que pour les filles , non feulement dans
la ville , mais encore dans tous les autres lieux de fon Duché ; ce qui eft d'un
fruit admirable pour l'éducation des
enfans. (Ces écoles font de l'inftitu-
tion du Reverend Pere Nicolas Barré
Minime, decedé depuis peu en odeur
de fainteté.)

On ajoûtera en finiffant la defcrip-
tion de la ville de Guife , qu'encore
qu'il n'y ait rien dans les édifices faints
ou profanes de bien magnifique &
fomptueux, l'afpect ne laiffe pas d'en
eftre beau & agreable de quelque cô-
té qu'on la regarde , tant à caufe du
corps des bâtimens qui font de bri-
ques, que des toits qui font couverts
d'ardoifes.

Et c'eft à peu prés ce que l'on peut
dire en cette matiere, pour contenter
la curiofité de ceux qui font bien aifes
de fçavoir les chofes avec leurs particularitez : fi ce n'eft peut-eftre qu'il
faudroit dire encore, qu'une maniere
de fauxbourg fitué au Nord , à cofté

du chasteau, dans la continuation de
la montagne, nommé la haute-ville,
est un petit reste d'un grand dessein
qui avoit esté formé pendant les regnes de Henry II. & de François II.
d'une nouvelle ville; qui enfin aprés
une dépense excessive est demeuré im-
parfait; & que le Convent des Minimes qui est basti en ce quartier-là, hors
les murs de la ville dans une forme de
petite Isle, en fait un des principaux
ornemens. Il manque en cet endroit
une porte pour la comodité du public.
Car jusqu'à present il n'y a eu qu'une
poterne qui est fort incommode, particulierement pour les gens de guerre qui
y logent tres-souvent, lesquels à peine
peuvent y faire passer leurs chevaux,
& ne sçauroient y faire conduire leurs
bagages & équipages.

Mais le chasteau est une piece qui
est bien d'une autre importance, &
qui merite d'estre consideré avec plus
de curiosité.

On a déja dit que le chasteau de
Guise est construit sur un roc fort escarpé, joignant immediatement à la ville,
& qu'il renferme dans son Donjon

C iiij

uneTour d'une hauteur extraordinaire:
Mais voicy ce qu'il faut fçavoir de plus
particulier.

Le terrain de cette importante for-
tereffe eftant irregulier, on a donné
aux fortifications des figures un peu
bizarres, & mefme hors des regles ordinaires, afin de fuppléer tant aux def-
fauts naturels qui fe rencontrent dans
fa fituation, que pour flanquer ce que
l'on a confervé de l'ancien corps de la
place.

Sa deffenfe du cofté de la campagne
confifte en un glacis fpacieux & fort
roide : en de profonds foffez à fec, chemins couvers, banquettes & épaule-
mens : en une fauffe braye & une demi-
lune de terre ; le tout bien frezé & pa-
liffadé Voilà pour ce qui regarde les
dehors.

Quant au corps de la place, il eft dé-
fendu du même cofté par trois baftions
à aureillon avec peu de difference,
on voit à l'encoigneure d'un de ces baftions une pierre enchaffée à veuë, qui
s'eft trouvée de nos jours dans fes fondemens, avec cette infcription *X. Clau-*
dio Lotharingo Duce Guifiano Burgun-

diæque Vice-rege, arx hæc ſtrui cœpit anno 1549. par laquelle il paroiſt qu'il avoit eſté premierement conſtruit par Claude de Lorraine premier Duc de Guiſe & Gouverneur de Bourgogne pour ſa Majeſté. Il y a auſſi une grande demi-lune jointe au corps de la place & qui flanque la courtine par un coſté, & deux ou trois petis ouvrages à flancs-bas, le tout tres-bien reveſtu : dans la demi-lune on a pratiqué la porte du ſecours, qui regarde la France.

Comme le coſté du chaſteau qui regarde la ville eſt une ligne de roc eſcarpé à plomb, il y a ſeulement une bonne muraille, à quelques angles ſaillans qui regnent tout le long, laquelle eſt flanquée par quelques reduits & une maniere de pâté, ſous lequel les ennemis attacherent le mineur, comme il ſera dit dans la ſuite de l'hiſtoire.

Le chaſteau eſt ouvert par deux portes : par celle du ſecours dont on vient de parler, & par une autre qui répond à la ville, dont la communication eſt couverte par l'ouvrage terraſſé, dont l'on a parlé dans la deſcription des for-

tifications de la ville. Ces deux portes
font tres-bien pratiquées & d'une tres-
grande deffence.

L'interieur du chafteau a fon terrain
fort inégal ; mais les magnifiques
voutes que l'on y a conftruit, le rendent d'une pratique facile. Il y a une
place d'armes d'une grandeur raifon-
nable : Le Gouverneur & le Lieutenant de Roy y font bien logez, & les
Officiers fubalternes & les foldats à
proportion, & une partie des Chanoines mefme y ont leurs logemens.

Mais ce que cette place renferme de
plus confiderable, c'eft cette Tour à
l'épreuve du canon, qui dans fon élevation, fert non feulement à décou-
vrir l'ennemi & à donner des fignaux
fort avant dans le plat-païs, mais encore d'une défence tres-neceffaire contre les hauteurs prochaines qui com-
mandent à la place ; & eftant ouverte
par fix ambrazures à fon fommet, elle
peut contenir de fort bonnes pieces
d'artillerie. Les ouvrages foûterrains
font d'une beauté merveilleufe, tres-
commodes pendant un fiege pour s'y
retirer, & capables de loger toute la

ville. La beauté des magazins n'y eſt
pas moins conſiderable. Et pour ne
rien dire de pluſieurs autres avantages qui s'y rencontrent, on fini-
ra cette deſcription, en ajoûtant
ſeulement qu'il y a dans l'enceinte du chaſteau une Egliſe Collegiale
ſous le titre de ſaint Gervais & de ſaint
Prothais qui eſt deſervie par quatorze
Chanoines, avec une dignité de Doyen,
qui eſt aujourd'huy ſoûtenuë avec
honneur par Monſieur de la Croix, &
que ce Chapitre qui eſt ſous la juriſdi-
ction de Monſieur de Laon Eveſque
Dioceſain, & qui a toûjours eſté rempli de perſonnes de merite, eſt Curé
Primitif de la Paroiſſe de la ville;
Et ainſi qu'il n'y manque rien de tout
ce que l'on peut ſouhaitter capable de
rendre une place importante, tant pour
le ſpirituel que pour le temporel.

Voilà donc la ville & le chaſteau de
Guiſe dans l'eſtat qu'ils ſe trouvent aujourd'huy pour ce qui concerne le
corps de la place. En voicy la police
& le gouvernement.

La ville eſt regie par ſes Magiſtrats,
& gardée par ſes habitans tant en guer-

re qu'en paix. Ses Magistrats sont re-
connus sous le titre de Maire & Echevins qui sont à la nomination des habitans, qui se fait chaque année en la
maison de ville la seconde feste de Pas-
ques sous l'autorité de son Altesse de
Guise, à qui il appartient d'establir &
de confirmer ceux qu'elle en juge les
plus capables : Et l'on ne peut passer
sous silence sans faire tort au merite
de la vertu, que Monsieur de Martigny, Lieutenant General au baillage du
Duché-Pairie de Guise, qui depuis
plusieurs années est continué dans la
charge de Maire par la voix unanime
de toute la ville : (Personnage non
moins recommandable par la serenité
de ses mœurs, que par la memoire de
Messieurs Simon & Fabien de Martigny son pere & son ayeul, qui l'ont pré-
cedé avec honneur dans les charges, &
qui luy ont laissé l'exemple d'une rare
probité :) Que Monsieur Ferrand son
Lieutenant en la Mairie, & qui est aussi
Conseiller du Roy en l'Election & au
grenier à sel, & Receveur general du
Duché : & le sieur de Baligan l'un des
notables bourgeois & Marchands de

la ville qui eſt Echevin, s'en acquittent
avec une prudence & une équité qui
leur attirent l'eſtime de tout le monde.

La juſtice eſt adminiſtrée par un
Bailly general accompagné des autres
Officiers de ſon Alteſſe : & tout le Duché reçoit comme autant d'oracles les
jugemens qui ſont rendus par Monſieur de Lettres, dont le nom eſt aſſez
connu dans cette charge depuis prés
d'un ſiecle, par la ſucceſſion de Meſſieurs Michel de Lettres, dont il a
herité en droite ligne, les qualitez
des plus grands hommes de la robe, &
dont la juſtice a ſon approbation ac-
quiſe dans le Parlement des Ducs &
& Pairs du Royaume.

Il y a maiſtriſe des eauës & foreſts :
Monſieur de l'Eſtang en ſoûtient la
charge avec autant d'honneur ; qu'il
s'eſt acquis d'eſtime dans l'eſprit de
ſon Alteſſe & de tout ce qu'il y a d'hon-
neſtes gens au monde.

Il faut ajoûter l'Election & le grenier
à ſel, qui s'eſtendent ſur cent une Paroiſ-
ſes, où Monſieur Hourlier occupe la
Charge de Preſident : & Monſieur des
Forges s'acquitte auſſi dignement des

fonctions de Procureur du Roy, que
dans le Baillage du Duché-Pairie, il
remplit avec distinction la charge de
Procureur General : outre que son merite luy a fait confier la commission de
subdelegué pour les affaires de l'Intendance.

Mais ce qui rend la police de Guise
encore plus considerable ; ce sont ses
Gouverneurs qui ont toûjours esté d'un
merite rare ; & les Lieutenans de Roy
& les Majors à qui sa Majesté a commis
la garde d'une place si importante.

On sçait assez que Monsieur de la
Fitte en a receu le gouvernement de sa
Majesté , comme une belle recompen-
se des grands services qu'il luy a rendus
tant en la qualité de Lieutenant de ses
gardes du corps, qu'en celle de premier Brigadier de sa maison. Ceux qui
connoissent Monsieur Descajeul , &
qui sçavent les grands exploits de guerre où il s'est signalé, diront que sa Majesté ne pouvoit en choisir un plus digne de cette Lieutenance de Roy : & le
sieur de Forget qui en est aujourd'huy
Major, n'a qu'à se faire voir estropié,
comme il est, au service du Roy, pour

faire juger de la grandeur de son
ame & de la fierté de son courage.

On aura lieu dans la suite de cette
histoire de parler avec éloge de Monsieur de Bridieu qui a deffendu la place
comme Gouverneur en l'absence de
Monsieur le Duc de Guise , & comme
Commandant de la part de sa Majesté,
aussi bien que du sieur de Montfort qui
s'y est signalé faisant les fonctions de
Lieutenant de Roy & de Lieutenant
Colonel du regiment de son Altesse,

Mais on ne sçauroit se dispenser de
dire en cet endroit, qu'avant le sieur de
Bridieu, Guise a eu pour gouverneur
un Comte de Quincé, qui est venu
comme un Ange tutelaire sous le regne de Louïs XIII. & dans le plus fort
de la guerre, pour la garantir des derniers efforts des ennemis, & qui tra-
vailla avec tant de conduite & de vail-
lance au restablissement de toutes choses, qu'aprés avoir rempli de la terreur de ses armes tous les endroits de la
frontiere par une infinité d'exploits;
il remit la seureté, l'ordre & l'abondance dans tous les lieux de son gouvernement.

Sous le regne de Charles VII. en l'année 1423. Jean de Proify la deffendit vaillamment en cette mefme qualité de Gouverneur contre les Anglois & les Bourguignons, & remporta cette gloire que ce fut la derniere des villes de la Picardie qui vint dans la puiſſance des ennemis, dans le defordre & dans le debris general de l'Etat.

Maurice du Mené de la maiſon de Guerlefquin eft loüé dans l'hiſtoire, d'avoir rendu de grands fervices en ce gouvernement durant le regne de Louïs XI. Il eſt parlé avec éloge de Nicolas de Longueval en 1523. C'eſt au fujet d'un ſtratagême de guerre qu'il joüa fort adroitement au Duc d'Afcot pour l'attirer avec ſes principales troupes dans des embufcades qu'il luy avoit dreſſées, & dont il ne feroit pas forti à fon honneur, ſi le bruit de l'arrivée du Roy qui venoit en poſte à cette partie, ne luy avoit fait rebrouſſer chemin.

Le Prince de Melphes y a pareillement eſté Gouverneur fous le Regne de François I. Et ce fut ce Prince d'Italie, pour lors au

fervice du Roy, qui deffit à Bohories, lieu diftant d'une lieuë feulement de Guife, huit cens chevaux &
fix cens hommes de pied en l'année
1543. où le lecteur curieux apprendra
en paffant que Bohories eft une Ab-
baye de l'Ordre de Cifteaux, qui de
tout temps a efté remplie d'un bon
nombre de Religieux d'une fainteté ac-
complie, qui a toûjours eu des Ab-
bez de la premiere qualité & d'un merite rare, & dont Monfieur l'Abbé
d'Hocquincour occupe aujourd'huy la
place avec tant d'eftime des mefmes
Religieux à caufe de fa modeftie & de
fa pieté finguliere, qu'il ne peut donner que de grandes efperances à l'Eglife, d'en faire un jour un de fes plus il-
luftres Prelats. Mais ce qui augmenta
encore la gloire de ce brave Gouverneur, ce fut que quelques mois aprés
cette deffaite des ennemis, il rendit
inutile le fiege que Fernand de Gon-
zagues avoit mis devant fa place avec
une armée tres-puiffante.

Enfin fous le mefme regne, François
de Bourbon Duc d'Anguyen, fe fit honneur de venir commander dans Guife.

D

aprés sa fameuse victoire de Serifol-
les.

D'où il est aisé de conjecturer de
l'estat de cette place dans les siecles
passez aussi bien que pour le present.
Mais il n'en estoit pas de mesme en
l'année 1650. qu'une aussi puissante armée que celle dont nous avons parlé
en entreprit le siege.

On se contentera de dire que le chasteau n'estoit point de la force qu'il est
à present : qu'il estoit tout découvert
du costé de l'ennemi, qu'il estoit ac-
cablé par des hauteurs de terre jusqu'au pied du fossé, & qu'une partie
de ses fortifications n'estoient point re-
vestuës.

La ville estoit ouverte en plusieurs
endroits, les murailles mal entretenuës
& sans fortifications ny dedans ny dehors : de sorte que l'on pouvoit dire,
qu'elle ressembloit à la ville de Lacedemone, de qui les hommes estoient les
seuls remparts : mais avec cette difference, que Lacedemone estoit une grande ville, où il y avoit tout plein de
monde pour la défendre, au lieu que
Guise est une petite place, où il y en

avoit fort peu pour soûtenir contre
une si puissante armée : Et c'est ce qu'il
faut faire voir, pour mieux juger combien de gloire se sont acquis ceux qui
en ont soûtenu le siege.

ETAT DES GENS DE GVERRE
& des habitans qui estoient au siege de Guise.

DEux mille hommes de garnison &
sept à huit cens habitans en armes, ont soûtenu dans Guise contre
toutes les forces d'Espagne, & les ont
obligez à lever le siege, & à se retirer
avec perte considerable, & chargez de
honte & d'infamie.

Voicy l'Etat de nostre garnison.

1. Le Regiment d'Infanterie de Guise, composé de quatre à cinq cens hommes, tous gens d'élite, sous le commandement de Monsieur de Bridieu, du
sieur de Montfort Lieutenant Colonel & de ses Capitaines & autres Officiers, dont les noms meritent d'estre
écrits en lettres d'or & qui se distingue-
ront dans la suite de cette histoire, par

des actions de valeur toutes singulieres.

2. Le Regiment de Clermont, composé de trois à quatre cens hommes de
troupes de nouvelle levée, mais commandées par de tres-bons Officiers, &
sur tout par Monsieur le Comte de
Clermont, de l'illustre sang de Tonner-
re leur Mestre de Camp, dont la conduite, la bravoure & le courage a pa-
rû avec tant de gloire pendant ce siege,
que jamais Guise n'en perdra la memoire.

3. La moitié du Regiment de Persan
d'environ pareil nombre, commandé
par le sieur du Faux qui estoit demeuré ferme au service du Roy, pendant
que le reste du Regiment avec son Chef
s'estoit démembré & estoit passé dans
le parti ennemi, & qui a soûtenu avec
tous ses autres Officiers & soldats, d'u-
ne maniere qui ne peut jamais estre
assez estimée.

Il y avoit encore un Regiment Polonois de trois à quatre cens hommes,
commandez par le sieur de Meliscot,
tous gens déterminez comme des dragons, & deux Compagnies Suisses du
Regiment de Salis, d'environ trois cens

hommes, commandez par le sieur de
Pestalozzi, dont il n'y en eut pas un
qui ne fist tres-bien son devoir. Mais
pour toute Cavalerie il n'y avoit que la
Compagnie d'Ordonnance ou de Chevaux Legers de Guise, d'environ soixante maistres, commandez par les
sieurs de Mezilles & de Clavaux, qui
firent des prodiges de guerre pendant
tout le siege.

Il est vray que quelque temps auparavant, le Marquis d'Hocquincourt
Gouverneur de Perone, & depuis Mareschal de France, s'estoit jetté dans
la Place avec un camp volant de trois
à quatre mille hommes qu'il commandoit, sur le soupçon que l'on avoit,
que c'estoit à Guise qu'en vouloient les
Espagnols : Et en effet cela les obligea
de tourner leurs brisées ailleurs, & ils
n'oserent pas en faire l'entreprise, y
ayant des troupes suffisamment pour
la deffendre : mais le Marquis s'en estant
retiré, à cause d'un different qu'il eut
avec le sieur de Bridieu pour le commandement que ce Marquis prétendoit
en qualité de Lieutenant general au
dessus du Commandant de la Place

qui n'eſtoit pour lors que Mareſchal
de camp; les ennemis retournerent
auſſi-toſt ſur leurs pas,&commencerent
l'execution de leur grand deſſein; &
ainſi Guiſe demeura avec ſes deux mille
hommes de garniſon.

Quoy qu'il en ſoit, on fait reveuë
des habitans capables de porter les armes & de ſervir en ce ſiege ; & il s'en
trouve juſqu'au nombre de ſept à huit
cens diſtribuez en douze compagnies,
ſous pareil nombre de Capitaines,
ſçavoir les ſieurs Charles le Févre, Nicolas de Martigny, Thomas des Forges, Jean Haüy, Antoine de Vives, Lazare de Laſtre, Antoine Guyart, Jacques le Blond, Claude Chimay, Jacques Balagny, Jean Loiſeau & André
Pierrot, tous perſonnes conſiderables
dans la ville pour leurs charges & emplois, ou notables entre les Bourgeois.

Dans ce nombre d'habitans eſtoit
auſſi compriſe quelque milice des environs, qui fut donnée à regir au ſieur
Fleury, autrefois Sergent Major dans
Navarre, & un des plus braves ſoldats
de France : Et tout cela ramaſſé enſem-

ble se dispose à soutenir le siege contre
une armée qui avoit bien osé entreprendre sur Dunkerque , & qui se promettoit d'aller ravager toute la France.

Mais il faut sçavoir quels gens sont
que les habitans de Guise. Les ennemis ne sçavoient pas, ou au moins ils
ne faisoient pas reflexion que ce sont
gens accoutumez de tout temps à la
guerre, & qui ne s'estonnent pas pour
le bruit.

Disons ce qu'ils meritent que l'on
publie à leur gloire : Que ce sont gens
d'esprit, qu'ils ont le cœur noble, &
qu'ils sont aussi bien faits de corps
qu'il s'en puisse trouver ailleurs : &
sans doute je ne seray pas desavoüé si je
dis qu'ils participent aux belles qualitez de ces grands Heros les Ducs de
Guise leurs Seigneurs, qui se sont toûjours distinguez, & par une generosité extraordinaire qui les a rendus redoutables aux ennemis de l'Etat, & par
une honnesteté si charmante, qu'ils se
sont conciliez l'amour des peuples, &
ont gagné le cœur de tout le monde.
C'est assez dire que les Guisiens sont
également propres à l'art militaire &

aux arts liberaux, & qu'il n'y a rien de plus honneste que leur conversation. Ils sçavent ce que c'est que de vivre avec les gens de guerre, de s'entrete-nir sagement avec tout le monde, & de traiter de toutes choses avec les gens d'esprit. Ils paroissent dans le barreau avec éclat, & ceux qui entrent dans les affaires y reüssissent des mieux. Il en est de mesme des belles lettres & des scien-ces tant divines qu'humaines : & sans parler de Monsieur Dormay, Principal du College de Laon & Prieur de Beau-lieu, à qui son propre merite a depuis long-temps acquis assez d'estime dans l'esprit des personnes de la premiere qualité; l'université de Paris en a toû-jours eu dans son corps, qui ne se sont pas rendus moins recommandables par leur doctrine, que par l'éclat de leurs vertus. Il s'y trouve des ingenieurs & des personnes fort entenduës dans les Mathematiques : un grand nombre d'entre eux a pris le parti des armes; & plusieurs s'y sont signalez dans les Char-ges de Capitaines, de Majors & d'Of-ficiers d'artillerie. Mais aussi-tost qu'ils sentent l'ennemi approcher, ils sont

tous generalement ſoldats , & il n'y en
a pas un ſeul dans le temps de la guerre qui ne paye de ſa perſonne & qui ne
rempliſſe tous les devoirs des troupes
les mieux reglées du Royaume.

C'eſt ce qui s'eſt veu dans le petit
nombre qu'ils ſe ſont trouvez en ce
ſiege , dans mille exploits de valeur
qu'ils y ont faits , & dans la longue reſiſtance qu'ils y ont apportée , dont il
eſt queſtion maintenant de parler.

DV TEMPS QV'A DVRE'
le ſiege de Guiſe, & des grands exploits
de guerre qui y ont eſté faits.

DAns l'eſtat qu'eſtoit Guiſe au
temps du ſiege , on auroit crû fort
probablement qu'elle auroit pû eſtre
emportée d'amblée, ou au moins qu'elle n'auroit pas tenu trois jours devant
une ſi grande armée , & ſelon toutes
les apparences, le conſeil d'Eſpagne
avoit fait ſon compte là deſſus. Cependant il faut ſçavoir que ce ſiege n'a pas
duré moins de dix-ſept jours: Qu'on a
eſté onze jours à reduire la ville; &

E

qu'aprés avoir esté six jours encore à
battre, à miner & à assaillir le Chasteau,
les ennemis ont levé le siege & ont pris
la fuite de la maniere du monde la plus
confusible. Voici l'Histoire.

Le cinquiéme Juin 1650. feste de la
Pentecoste, les ennemis s'avancerent
aux environs de Guise : mais y ayant
trouvé le Marquis d'Hocquincour
avec son camp volant de trois à quatre
mille hommes capable de leur faire
teste, & en ayant même esté escarmou-
chez assez rudement, ils se retirerent,
& ayant passé la riviere d'Oyse à l'Ab-
baye d'Origny, ils s'en allerent jetter
leur feu sur le Castelet : en effet ils s'en
rendirent maistres le 14. à la faveur de
la mutinerie des païsans qui s'estoient
refugiez dans cette place, & qui contraignirent le sieur de Vandi qui en
estoit Gouverneur, de recevoir une ca-
pitulation peu honorable. Cet atten-
tat ne demeura pas impuni, & les mu-
tins furent chastiez ainsi que leur crime
le meritoit. Cependant les ennemis
ayant appris que le Marquis d'Hocquincour estoit sorti de Guise, &
qu'il s'estoit retiré avec ses troupes, ils

envoyerent le Mercredy quinziéme un
parti de cavalerie au village de Vadancourt pour reconnoistre le paffage, &
voir fi le pont n'eftoit point rompu,
ou s'il eftoit gardé : & ayant trouvé
que rien ne les empefchoit de paffer,
le lendemain feiziéme fefte du faint Sacrement, ils firent paffer partie de
leurs troupes à Vadancourt, & les autres à l'Efquielle, & ainfi fur les huit
heures du matin, toute l'armée d'Efpagne parut en bataille fur les hauteurs
qui environnent la ville & le chafteau
de Guife.

Du plus loin qu'ils l'apperceurent,
ils firent alte, & s'arrefterent tout court.
Sur quoy, s'il m'eft permis de faire une
petite reflexion, je diray que les mou-
vemens des ennemis furent alors fem-
blables aux agitations de la mer, laquelle aprés avoir roulé impetueufe-
ment fes flots fur le rivage, eft con-
trainte de s'arrefter tout d'un coup à
une barre de fable que Dieu luy a pref-
crit pour limites, felon ces paroles de
l'Ecriture, *Huc ufque venies & ibi con-
fringes tumentes fluctus tuos.* Ou bien je
diray que ce fut l'ombre de Guife qui

les épouvanta, & la terreur de ce nom
qui les empescha de passer outre.

En effet ayant planté là le piquet, les
Generaux mirent aussi-tost toute l'armée à faire des lignes de circonvallation, ausquelles ils travaillerent pendant six jours, afin de se couvrir & de
se mettre en seureté tant du costé de la
ville, que de celuy de la campagne.
Ils furent mesme aidez dans ce grand
travail par un grand nombre de pai-
sans qui vinrent des environs de Va-
lenciennes & de Cambray, & que l'on
faisoit monter à deux ou trois mille
hommes; Et enfin tout bien consideré,
il semble que les Espagnols ayent particulierement affecté en ce siege d'i-
miter ces grands & signalez Capitaines, lesquels voulant attaquer une
place de consequence que la situation,
& l'art ont rendu forte & de difficile
accés, commencent le siege par une
circonvallation assez éloignée de la place pour n'estre pas incommodez de
l'artillerie des ennemis, & enferment
leur camp de doubles tranchées que
l'on appelle lignes de communication,
accompagnées de forts, de redoutes &

d'autres fortifications ; de forte que les lignes du cofté de la ville empefchent que les forties des affiegez ne portent dommage au camp, & celles du cofté de la campagne oftent toute efperance de fecours.

Cependant l'armée fe partagea en fes quartiers. Le Comte de Fuenfaldaine avec les Flamans-Bourguignons prit fon pofte à Flavigny-le-petit aux environs de la maifon de l'Eftang.

Le Marefchal de Turenne avec fes troupes Françoifes fe logea à la Mothe du cofté de faint Quentin. Dom Eftevan de Gamarre avec les Efpagnols fut du cofté de Vadancourt & de faint Germain fur la route des Païs-bas, & les Allemans avec les Lorrains fous le commandement de leurs Generaux fe camperent à la hauteur du fauxbourg de Villers devers la Capelle. Une relation particuliere qui paroift fort exacte, marque le camp des Lorrains à la Cenfe de Courcelle dans le petit bois & jufqu'au bois des agneaux, & celuy des Allemans au deffus du bois du Faï jufqu'à la Buffierre.

Quoy qu'il en foit, Guife fut ainfi

inveſtie, blocquée & aſſiegée de toutes
parts. Mais comme l'armée des ennemis eſtoit ſeparée en deux par la riviere, ils firent deux ponts de communication, l'un au deſſus du clos Poulain,
& l'autre entre la Cenſe de Courcelle
& Robé.

Monſieur de Bridieu qui gardoit la
place & y faiſoit les fonctions de Gouverneur, n'eut pas plûtoſt avis de l'approche des ennemis, qu'il aſſembla le
conſeil de guerre compoſé de tous les
Officiers qui ſe trouvoient pour lors
dans la garniſon, & qui pouvoient monter au nombre de ſoixante douze. Eſtant
donc au milieu de tous ces braves, qui
eſtoient diſtinguez en trois cercles,
aprés leur avoir repreſenté l'importance de ce ſiege, il mît l'épée à la main,
& jura qu'il paſſeroit au fil de l'épée
quiconque luy parleroit de ſe rendre,
& il leur fit un point d'honneur de
défendre & de conſerver la place au
peril de leur propre vie, ou en la per-
dant de s'enſevelir dans ſes ruines.
Où je ne puis m'empeſcher de dire que
Bridieu fit en cette occaſion à peu prés,
ce que fit parmi les Romains le jeune
Scipion, lors que L. Cælius Metellus

meditoit avec toute la fleur de la jeunesse Romaine, de ceder aux armes vi-
ctorieuses d'Annibal & des Gaulois
joints ensemble, & d'abandonner leur
patrie : l'histoire porte qu'il entra l'é-
pée à la main dans le lieu où se faisoit
ce complot, & que la levant au dessus
de la teste de tous ceux qui y estoient,
il dit d'un air qui marquoit assez
son indignation aussi bien que sa resolution. *Ie jure par les Dieux que
je n'abandonneray jamais la Republique,
& que je ne souffriray jamais qu'aucun
autre citoyen Romain l'abandonne : si je
manque à ma promesse, je voux, ô puissant
Iupiter, que tu me fasses perir, moy & toute ma famille. Ie te somme Cælius de faire le mesme serment ; & que tous ceux qui
m'écoutent, sçachent que j'ay tiré cette épée pour tuer quiconque refuse-
ra de jurer ce que je viens de jurer.*
Cælius & tous ses adherans changeant
tout d'un coup de resolution, firent
serment de mourir plûtost que d'abandonner la Republique, & promirent à
Scipion de suivre son exemple. Il est
aisé de s'imaginer aussi l'effet que pro-
duisit une action si Martiale que celle du

E iiij

sieur de Bridieu dans l'esprit de tous les Officiers de la garnison de Guise; & l'on verra dans la suite, en quelle maniere il disposa tous les gens de guerre. Cependant il donna tous les ordres necessaires pour une vigoureuse défense, il pourveut à ce que les murailles sussent reparées le moins mal qu'il fut possible, selon la conjoncture du temps, & que les endroits les plus foibles sussent fortifiez par tous les moyens qu'u-ne necessité pressante peut inspirer.

Il fit entendre aux habitans des fauxbourgs de Villers, de Chanterayne & de la Haute-ville, qu'il estoit necessaire de mettre le feu à leurs maisons pour oster aux ennemis le moyen de se prévaloir de ces logemens : cela fut executé selon les ordres qui en furent donnez aux soldats de la garnison qui estoient distribuez dans tous ces differens quartiers, & qui en furent retirez pour venir à la garde du Chasteau. Le Regiment de Persan mit le feu aux fauxbourgs saint Lazare & de Villers où il estoit posté, & brusla toutes les maisons jusqu'à la barriere du grand pont. Le Regiment de Clermont en fit autant à la Haute-ville, & le Re-

giment Polonois au fauxbourg de
Chanterayne. Et ces pauvres habitans
virent & fouffrirent, avec une patience
admirable, des pertes qui devoient
leur eftre fi fenfibles, & qui eftoient fi
confiderables à leurs familles ; mais il
faut l'attribuer à leur zele pour le bien
commun de l'Etat, & à la grande
croyance qu'ils avoient à leur Gouverneur ; à Monfieur de Bridieu, dont on
ne peut fe difpenfer de marquer icy la
naiffance & l'éducation, les avantures
& les emplois, pour ne pas laiffer en-
fevelir dans l'oubli un nom qui eft digne d'une gloire immortelle.

Le fieur de Bridieu dont nous avons
tant de belles chofes à dire dans cette
hiftoire, eftoit illuftre par fa naiffance,
& d'une famille confiderable de Poi-
ctou. *De Bridieu* en eft le nom, la principale Seigneurie eft *la Baron*, à deux
ou trois lieuës de Poictiers, & porte
d'Azur à une macle cramponnée à dou-
ble par le haut d'or, accompagnée de
trois étoilles de mefme. Monfieur
fon pere fut Efcuyer de Madame de
Montpenfier, & époufa Damoifelle
Suzanne de Montfort qui eftoit unique

heritiere des biens de sa famille assez considerables en Normandie, & Demoiselle d'honneur de cette Princesse du sang, & de ce mariage nâquit entre autres enfans, ce grand Bridieu de Guise, qui fut nommé *Louïs* à son Baptesme.

Il fut élevé dés l'âge de treize ans à la Cour du Duc de Guise pour lors Archevesque de Reims, qui par une singuliere affection le prit pour son Page; d'où il est aisé de juger comme il fut formé à tous les exercices des personnes de qualité.

Mais il faut dire qu'il suivit par tout la fortune de ce Prince, lequel ayant quitté ses benefices, le fit son Escuyer; ensuite son Capitaine des Gardes, puis Premier Gentil-homme de sa Chambre; & enfin luy confia en sa place le Gouvernement de sa ville & chasteau & de son Duché de Guise, & le fit Lieutenant General de ses troupes en l'année 1644. & afin qu'il pût y commander avec plein pouvoir, il luy obtint de sa Majesté la charge de Lieutenant de Roy. Ainsi revestu de toutes ces grandes qualitez, & encore de celle de Mareschal de Camp qui luy fut

dónnée par Brevet du 29. Mars 1649.
il a toûjours porté le nom & fait les
fonctions de Gouverneur de Guise, &
commandé aux troupes de ce Gouvernement, quoi qu'il n'en ait receu du
Roy le Brevet de Gouverneur qu'aprés
le decéds du Duc d'Alençon dernier
Prince de la maison de Guise en l'année 1675.

Je ne prétens pas parler de toutes
les grandes actions qu'il a faites estant
au service de son Maistre le Duc de
Guise : toute la France a esté assez per-
suadée de l'estime qu'il en faisoit entre
tous les braves du Royaume, lorsque
s'estant malheureusement trouvé enga-
gé à défendre ce point d'honneur qui a
ravi à l'Etat tant de grandes ames,
il le choisit pour son second, en un rencontre qui se fit à la Place Royale à
Paris, ou les premiers Seigneurs de la
Cour auroient fait gloire de luy servir
en cette qualité. Tout cela neanmoins
n'est rien en comparaison de ce qu'il a
fait au siege de Guise, & cela seul me-
riteroit que l'on en fit l'histoire pour
servir de monument eternel à la gloire
de ses armes & à la grandeur de son
courage.

Reprenons donc noftre narration &
fuivons le fil de noftre hiftoire. Pén-
dant que les ennemis travailloient avec
application à leurs forts & à leurs lignes de circonvallation, ce fage Gouverneur prévoyant par la foibleffe de la
ville, que la principale refiftance fe devoit faire au Chafteau, donna ordre
que les habitans y tranfportaffent tout
ce qu'ils pouvoient avoir de plus précieux, avec toutes les provifions qui purent fe trouver dans la Ville : ce qui
produifit une telle abondance de pain,
de vin, de viandes, & de toutes les autres chofes neceffaires pour le foûtien
d'un fiege, que les troupes de la garnifon auffi-bien que la bourgeoifie, y
demeurerent dans un auffi grand calme
parmi le tintamarre de la guerre, que
s'il n'y avoit eu rien a craindre.

Ce n'eft pas tout : voici comme il
difpofa fon monde pour la défenfe,
tant du Chafteau que de la Ville.

Le Regiment de Perfan fut pofté à la
garde de la contrefcarpe du Chafteau,
depuis le bout qui regardoit alors la
poterne jufqu'à l'ouvrage à corne du
cofté de la Haute-ville. Le Regiment

de Guise & les deux compagnies Suiffes a l'ouvrage à corne. Le Regiment
Polonois dans la demi-lune de terre,
& celuy de Clermont dans la contrefcarpe depuis cette demi-lune jufqu'au
bout qui regarde Chanterayne. Et le
commandement de tous ces dehors fut
donné au fieur de Montfort comme
Lieutenant du Gouverneur.

Pour la défenfe de la Ville, il eftoit
jufte de la confier aux habitans mefmes,
fous la conduite de leurs Maire & Ef-
chevins, & le commandement de leurs
Capitaines de quartiers, puis qu'y
ayant le plus d'intereft, & ne manquant
pas d'ailleurs de generofité, perfonne
ne pouvoit les furpaffer dans la refolution de fe bien défendre.

Mais ce qui releva extrêmêment leur
courage, ce fut de voir venir a leur
tefte Monfieur le Comte de Clermont
en qui ils avoient toute confiance, &
qui par une affection toute paternelle
entreprenoit de les conduire, de les
foûtenir & de les défendre au peril de
fa propre vie ; & encore le fieur de la
Verine Major de la Place, qui s'of-
froit de le feconder en toutes chofes,

Où l'on ne sçauroit se dispenser de dire
à la gloire du Comte de Clermont, que
c'est à luy que la Ville a obligation de
ce qu'elle n'a point esté toute reduite en
cendres dés le commencement du siege,
parce que le conseil de guerre opinant
fortement à le faire pour avoir plus de
moyen de défendre le Chasteau, il en
representa les consequences qui ne pouvoient estre que tres-fâcheuses, & s'offrit de la défendre & de la conserver
pendant huit jours, luy en deust-il coû-
ter la vie. Il le fit avec autant de bravoure qu'il l'avoit promis, non seulement pendant huit, mais durant onze
jours, comme il a esté dit : ce qui a esté
cause de la conservation de la Place,
& de la levée du siege ; & c'est ce que
Guise n'oubliera jamais. Cependant
afin qu'il ne manquast rien dans une
occasion si importante, on fit aussi un
détachement de cinquante ou soixante
soldats de tous les corps, qui furent
distribuez en trois postes de la ville, sous
pareil nombre d'officiers ; sçavoir une
partie à la barriere du grand pont, une
autre à la tour Vautebot, & l'autre à
la demi-lune de Chanterayne ; les hy-

bitans estant à la garde des portes &
des murailles de la Ville aussi-bien que
du Fort saint André, & agissans tous
sous les ordres du Comte de Clermont,
des Maire & Eschevins & de leurs Capitaines.

Il ne faut pas pourtant croire qu'une
milice si leste & si martiale pût se contenir le premier ni le second jour, sans
donner des preuves de sa valeur, & sans
fournir de l'exercice à l'ennemi. En
effet elle ne put le laisser camper en repos : car dés le premier jour, il se fit
une sortie de Cavalerie, où se joignirent
tous les habitans qui se trouverent en
estat de monter à cheval ; & sous les ordres des sieurs de Mezilles & de Clavaux, l'un & l'autre des plus hardis con-
ducteurs de partis qui fussent dans le
Royaume ; ils donnerent combat derriere le Chasteau, d'où ils retournerent
bien glorieux aprés avoir défait bon
nombre des ennemis, sans y avoir que
deux cavaliers & un habitant de blessez.

Mais il faut voir ce qui se faisoit pendant ce temps-là au Chasteau. Le
sieur de Bridieu y estant monté com-

me dans le lieu le plus éminent pour y
donner ses ordres tant dedans que dehors, & pour voir de là toutes les démarches des ennemis, commanda d'a-
bord à tous les habitans qui n'estoient
pas sous les armes de s'y retirer : & ce
fut quelque chose de beau à voir, que
l'œconomie & l'ordre qu'il y établit;
car tout estoit disposé par familles selon ses differens quartiers; de sorte que
chacun y estoit logé aussi commodé-
ment que l'on pouvoit le souhaitter
dans une pareille conjoncture. Il
pourveut en même-temps à ce que le
canon fust posé dans tous les endroits
les plus propres à battre les ennemis;
Et il faut dire à la gloire du sieur de
saint Germain Capitaine des portes,
que la commission luy ayant esté donnée de faire mettre toutes choses en
estat pour le service de l'Artillerie, il
fut infatigablement sur les rampars
avec le sieur Fleury, dont il a esté parlé cy-devant, à faire travailler la milice au rétablissement des gabions, des
platte-formes & des affuts de canon, à
faire jetter des bombes, des grenades,
& autres feux d'artifice; & enfin à faire

tout

tout ce qu'on peut attendre en pareille
occasion des plus experimentez dans
l'art militaire.

Mais il ne faut pas omettre icy que
le bien spirituel, que l'exercice de la
Religion & du culte de Dieu, ne fut
pas le moindre soin de nostre brave
Commandant. Sur quoy l'on peut dire que le ciel favorisa bien ses pieux
desseins, luy donnant un homme selon son cœur, un homme de Dieu, un
homme tout de feu, comme Elie,
pour la gloire du Seigneur Dieu des
armées, un homme tout de cœur pour
le bien & pour le salut de ses freres
Chrestiens, un homme tout royal pour
les interests de son Souverain, de sa patrie & de cette ville de Guise. Je parle
du R. P. François le Grand de l'Ordre
des Minimes qui se retira au Chasteau
avec trois autres de ses confreres, pour
y servir tous de leur ministere; mais
qui ne se signala pas moins pendant
ce siege qu'un Moyse, qu'un Elie, &
un Judas Machabée parmi le peuple de
Dieu.

Disons donc que ce grand Religieux,
que le R. P. le Grand, Grand de nom,

F

& assez grand par sa naissance, pour se faire distinguer entre les meilleures familles de la Ville de Dreux : Grand de corps par sa prestance majestueuse qui auroit esté admirable dans un General d'armée : Grand d'esprit par le concert de toutes les belles sciences dont il discouroit en maistre dans les plus belles assemblées : Mais beaucoup plus grand par ses vertus heroïques & par sa grandeur d'ame qui l'a fait paroistre comme un prodige aux yeux de tout le monde : Ce saint homme, cet homme de Dieu, cet homme du Roy, ne fut pas plûtost monté au Chasteau, qu'il inspira à tous des sentimens de penitence & de conversion, & qu'il mit les personnes de l'un & de l'autre sexe qui y estoient, dans l'exercice d'une devotion toute singuliere.

Les prieres s'y faisoient le matin & le soir à l'Eglise du Chasteau, & il y avoit toûjours un nombre de fidelles aux pieds des Autels pour implorer continuellement le secours divin.

Ce n'est pas assez, il prit le glaive de la parole de Dieu pour animer tout le monde à ne rien craindre, & à s'exposer

à toutes sortes de perils pour le service
du Roy & pour la conservation de la
Place:mais avec tant de force, mais avec
tant de feu, mais avec tant de tendresse
qu'il enlevoit le cœur des grands & des
petis, des femmes aussi bien que des
hommes, & qu'il n'y avoit personne qui
ne fût prest à donner jusqu'à la derniere goutte de son sang. On ne tarda
gueres d'en voir les effets.

Plusieurs batteries de canon furent
dressées par les ennemis, sur le mont
Marlot du costé de Chanterayne, au
bout du fauxbourg saint Lazare derriere la maison du nommé d'Avignon,
& à la Haute-ville derriere le jardin du
sieur Hourlier. dont ils battirent in-
cessamment la Ville & le Chasteau, &
où ils firent aussi jetter des bombes en
quantité : Et comme il ne se peut pas
faire que cela ne fist bien des morts &
des blessez, c'estoit quelque chose de
charmant de voir par tout le Reverend
Pere le Grand, consolant les blessez,
exhortant les moribonds & rendant aux
morts tous les devoirs de la charité
Chrestienne.

Il se trouvera d'autres occasions

dans cette Hiſtoire de parler de ce grand Heros des armées de Dieu, de cet homme qui n'eut jamais ſon ſemblable en zele pour le ſervice de ſon Roy, & qui meritoit d'eſtre élevé au plus haut degré d'honneur où un homme de ſon caractere auroit pû atteindre, ſi ſon humilité ne luy avoit fait préferer ſa profeſſion de Minime aux premieres dignitez de l'Egliſe. Et c'eſt le témoignage qu'en ont rendu tous les Officiers qui ont eu l'honneur de le connoiſtre & le ſentiment glorieux que toute la ville a de ſa memoire.

Mais il faut reprendre le fil de l'Hiſtoire.

Le 17. le 18. & le 19. ſe paſſerent en eſcarmouches : & s'eſtant fait pluſieurs partis, tant de Cavalerie que d'Infanterie, on fit voir aux ennemis qu'ils avoient à faire à des gens qui ſçavoient le meſtier de la guerre. Il ſe donna un combat derriere le fauxbourg de Villers ou un cavalier des noſtres fut tué; mais les ennemis le payerent par quinze des leurs qui demeurerent ſur la place. Un autre combat fut donné derriere le Chaſteau où les noſtres furent

long-temps meſlez avec les ennemis :
un de leurs Capitaines nommé Dubois
y fut tué, il fut reconnu pour avoir
eſté en garniſon à Guiſe dans le Regiment de Syrop. Il y en eut un autre au
mont Marlot pendant que les ennemis
tiroient un boyau pour s'y retrancher &
y dreſſer leurs batteries. Le ſieur de Baligan Echevin s'y eſtant avancé plus que
tous les autres par ſon ardeur martiale,
tomba dans une embuſcade, ou parmi
une greſle de mouſquetades donnant à
droit & à gauche, il fut bien heureux
d'en eſtre quitte pour un coup dans le
bras, qui luy ſert juſqu'aujourd'huy de
marque de ſa bravoure. Il ſe fit encore
une autre rencontre derriere la Haute-
ville, où nos chevaux legers ſe battirent
en déterminez : le ſieur de Mezilles par
deſſus tous les autres, cet homme ſi
fameux dans la frontiere par ſes partis,
n'en revint qu'aprés avoir eu deux chevaux tuez ſous luy : & le ſieur de Clavaux Mareſchal des Logis & parent du
Gouverneur, y fit auſſi des prodiges de
hardieſſe & de valeur. C'eſt tout dire
qu'il n'y avoit point de jour qu'il ne
ſe fiſt des ſorties ſur les ennemis ma-

tin & foir, & qu'ils n'y perdiffent beaucoup des leurs.

Le vingtiéme fur le foir, il fe prefen-
ta un Trompette de la part du fieur de
Fauge l'un des Lieutenans Generaux
des Lorrains, pour offrir la neutralité
aux habitans en confideration de la
maifon de Lorraine, effayant de les
empefcher par ce moyen de fervir durant le fiege. C'eft ainfi que l'on a in-
terpreté la venuë & la commiffion de
ce Trompette. Quelque relation particuliere porte que le Trompette avoit
une lettre de ce General, difant qu'il
s'étonnoit comment Monfieur de Bridieu faifoit fi mal le fervice du Duc de
Guife fon maiftre, en brûlant &
ruinant fans neceffité les fauxbourgs,
proteftant que fon deffein avoit efté
de les conferver auffi bien que la
Ville, en faveur de la maifon de Lorraine, & le conjurant de ne fe pas laiffer emporter à des confeils fi defavan-
tageux à fes habitans.

Quoy qu'il en foit, le 21. le fieur
de Bridieu donna audience à ce Trompette dans la Ville en prefence des habitans; & fa propofition fut rejettée avec

indignation, tous proteftant hautement d'une commune voix, qu'ils é-
toient ferviteurs du Roy, & qu'ils ai-
meroient mieux facrifier leurs perfonnes, leurs biens & leurs familles que
d'avoir le moindre commerce avec
fes ennemis. Et aprés qu'ils eurent
confirmé ces fentimens par plufieurs
éclats de *Vive le Roy*, le Trompette
fut contraint de s'en retourner prom-
tement porter des nouvelles à fes
Maiftres de ce qu'il avoit veu & entendu : d'où ils jugerent bien qu'ils a-
voient à faire à des gens qui ne fçavoient ce que c'eftoit que de ployer,
lors qu'il s'agiffoit du fervice du Roy.

Cependant comme on eftoit en peine
d'apprendre des nouvelles de la Cour,
& de fçavoir fi l'on pouvoit efperer du
fecours, l'on fut extrêmement confolé
de l'arrivée du fieur de Roquefort
Lieutenant de Perfan, & d'un jeune
homme natif de Guife, nommé Gabriel
de Vives, qui avoient fi bien fait par
leur addreffe, qu'ils ftoient paffez dé-
guiffez au travers de l'armée. Celuy-cy
eftoit porteur d'une Lettre du Cardinal Mazarin, qui eftoit pour lors à la

Fere, par laquelle il promettoit un
prompt secours à la Place, & qu'il don-
neroit un si bon ordre pour faire couper les vivres aux ennemis, qu'ils seroient contraints de lever bien-tost le
siege. On ne tarda gueres à en voir l'effet ; cependant cela releva infiniment le
courage des Assiegez, & le porteur d'u-
ne si agreable nouvelle fut loüé & ré-
galé comme il meritoit ; depuis il s'est
beaucoup distingué au service du Roy,
& aprés plusieurs belles actions, il est
mort enfin Commandant dans le Chasteau neuf de Bayonne.

Enfin les ennemis ayant achevé leurs
lignes de circonvallation avec tous
leurs travaux, & voulant ce semble,
observer par regles la conduite des
grands Capitaines, dont nous avons
parlé ; lesquels aprés avoir assuré leur
camp & reconnu les defauts de la Place
assiegée, essayent de la joindre par des
lignes d'approches, attaquent & em-
portent les dehors, placent leur artillerie en lieux avantageux, percent la
contrescarpe & gagnent le fossé, & à la
faveur d'une ou plusieurs galleries,
s'attachent aux bastions & à la courtine,

les font sauter par le moyen des mines &
des fourneaux ou par la sappe ; & enfin
contraignent la Place de se rendre à
composition, crainte d'estre exposée
au pillage & à la fureur militaire, si
elle estoit emportée d'assaut ; & c'est à
peu prés ce que l'on va voir dans la
suite de ce siege.

En effet les ennemis ayant achevé
leurs lignes de circonvallation, leurs
tranchées, leurs lignes de communication, leurs forts, redoutes & autres
fortifications, & ayant peut-estre reconnu le defaut de la Place, ils ouvri-
rent la tranchée du costé du fauxbourg
de Villers ; & pendant la nuit du 22.
s'estans glissez par les jardins & mazu-
res de ce quartier, ils vinrent attaquer
la barriere qui est devant le grand pont ;
& nonobstant toute la resistance que
l'on put faire, ils s'en emparerent, mais
avec beaucoup de perte des leurs, & sans
qu'il y eût des nostres, qu'un Lieutenant de Clermont de blessé & qu'un
habitant de tué.

Cette journée fut terrible par le jeu
de toutes les batteries avec lesquelles
les ennemis pensoient mettre toute

la Ville & le Chasteau en feu & en pouſ-
ſiere, & par ce moyen tellement inti-
mider la garniſon auſſi bien que la
bourgeoiſie, qu'ils ſeroient bien aiſes
de ſe rendre à une honneſte compoſi-
tion. Et de fait ils firent ſommer ſur le
ſoir la Ville par un Trompette accompagné de deux Officiers qui ſe preſen-
terent au grand pont ; mais ils y furent
fort mal receus, & pour toute réponſe, ils ne rapporterent que des refus à
leur camp, & des aſſurances de la reſolution qu'avoient les habitans de ſe
bien défendre.

Cependant la nuit ſe paſſa à faire
grand feu de mouſqueterie de part &
d'autre. L'on mit auſſi une torche al-
lumée au deſſus de la Tour du Chaſteau pour ſervir de ſignal à l'armée
du Roy, & pour preſſer le ſecours que
l'on attendoit ; & on découvrit le matin, que les ennemis avoient fort avancé leurs tranchées vers le dehors du
Chaſteau, & qu'ils s'eſtoient faits un
logement au bord de la riviere à
coſté du grand pont & à l'endroit d'u-
ne palliſade ruinée.

Le ving-troiſiéme, les Aſſiegeans con-

ſtruiſirent ſur la riviere un pont de bateaux pour la paſſer à l'endroit de leur
logement : mais ils y furent battus de
bonne ſorte. Ce fut dans cette occaſion qu'un jeune homme de Guiſe fit à
la veuë de toute l'armée une action heroïque, que la poſterité ne doit jamais
oublier. Le Pont eſtant preſque en eſtat
& les ennemis tout diſpoſez à paſſer à
la Ville pour monter à l'aſſaut : on ne
trouva point de meilleur expedient
pour les en empeſcher, que d'aller couper les cables avec leſquels les bateaux
eſtoient aſſemblez. Mais la difficulté
eſtoit de trouver quelqu'un qui oſaſt
l'entreprendre à la veuë de toute une
armée. Le Comte de Clermont propo-
ſa recompenſe à celuy des ſoldats qui
eſtoient à la garde de ce poſte, qui vou-
droit faire cette action ; mais il ne s'en
trouva aucun qui vouluſt s'y expoſer.
Un habitant nommé Pierre Oüateau
ſe preſenta pour aller faire ce coup
d'Etat, & il eſtoit déja preſt de ſe jetter du haut du Pont dans la riviere,
lors que ſon fils dont nous parlons ar-
rivant ſur le lieu, l'arreſta à toute force, luy repreſentant qu'eſtant chargé

d'enfans, comme il estoit, il ne per-
mettroit jamais qu'il exposast ainsi sa
vie & risquast la ruine de toute sa famille. Et pour sauver sa patrie & en
mesme temps la vie à son pere, il exposa
la sienne au plus grand de tous les dangers. C'estoit un jeune homme pour
lors âgé de vingt ans, nommé Pierre, comme son Pere, & par sobri-
quet Mal-content & qui est encore
plein de vie, digne sans doute d'une
meilleure fortune que celle qu'il a, laquelle ne convient gueres à la grandeur
d'ame dont il donna alors une illustre
preuve. Quoy qu'il en soit, aprés avoir
receu l'absolution comme pour mourir,
le *Salve Regina* chanté de toute la Ville,
il se dépoüilla de ses habits, & ayant
pris un cousteau en main, il se lança
dans la riviere, & sous le feu de plus
de deux mille coups de mousquets,
nageant avec le couteau entre ses dents,
il alla couper les cables, rompit le pont
& entraîna aprés soy un des bateaux
en triomphe. Les Lettres Patentes
qu'il a de sa Majesté & de son Altesse
de Guise, font foy de cette incompa-
rable bravoure, & il n'y a personne

dans la Ville qui n'en rende aussi un témoignage authentique. On ne sçauroit dire combien il en fut tué en cet endroit, où il faisoit extrêmement chaud, parce que n'y ayant que la riviere entre deux, les balles de mousquet tomboient comme de la gresle sur les ennemis : mais il nous en coûta la vie d'un tres-brave Capitaine du Regiment de Guise nommé saint Laurent & de Burlot habitant qui y fut aussi tué. L'horreur de cette journée fut augmentée par le feu effroyable de deux nouvelles batteries que les ennemis firent joüer sur la pointe du mont Marlot, & de quantité de bombes qu'ils firent jetter dans la Ville & dans le Chasteau, & dont l'une pensa mettre le feu au magazin, au dessus duquel estoient les femmes & les enfans de deux cens familles, avec tout leur ménage.

Le 24. à onze heures du soir, la demi-lune de terre devant la porte de Chanterayne fut emportée de vive force par les assaillans. Mais ils ne la garderent pas long-temps. Ils en furent chassez bien-tost aprés, avec perte de

beaucoup des leurs qui demeurerent
sur la place. Ce furent les Polonois qui
eurent le plus de part en cette action,
avec les habitans qui s'y porterent avec
une extrême generosité. Cependant les
ennemis redoublerent leurs batteries,
tant de ce costé-là, que de celuy de la
haute-ville, & avancerent celle-cy
jusqu'à cinquante à soixante pas de la
contrescarpe, où l'on remarqua que les
boulets de canon tirez de si prés contre
la Tour se rompoient en deux ou s'écla-
toient en plusieurs pieces. Parmi le tintamarre & la consternation que cela pouvoit causer dans le Chasteau, aussi-bien
que dans la Ville, on voyoit par tout avec
admiration l'intrepide Bridieu animer
un chacun à son devoir par son exemple encore plus que par ses paroles: &
le Reverend Pere le Grand aller dans
tous les lieux où il y avoit du peril; &
là, sans crainte ni des mousquetades,
ni des boulets de canon, ni des bombes, exhorter à la mort un pauvre sol-
dat ou un habitant blessé & moribond,
& presque en mesme-temps appaiser
les lamentations d'une femme qui pleu-
roit la perte de son mary, & les cla-

meurs des enfans qui se voyoient sans
pere pour leur gagner du pain.

Le 25. les ennemis se mirent à battre le boulevert dit du Mont-éventé,
au grand fauxbourg qui est incorporé
à la Ville, & y firent une grande bre-
che à l'endroit d'un gué, où ils pré-
tendoient passer & donner l'assaut ;
mais les assiegez s'y retrancherent si
bien à la faveur de la nuit, qu'ils se
trouverent en estat de s'y défendre
comme auparavant.

Cependant l'armée du Roy, composée d'environ dix-huit mille hommes,
sous le commandement du Mareschal
du Plessis Pralin approchoit, & com-
mençoit à paroistre du costé de Laon ;
ce qui fit resoudre l'Espagnol de presser
le siege, & de faire les derniers efforts
pour se rendre maistre de la Place.

Le 26. l'armée du Roy qui n'avoit
pas ordre d'aller attaquer les ennemis
dans leurs retranchemens, non plus
que de hazarder une bataille avec des
forces si inégales, mais seulement de
leur donner de la jalousie dans leur entreprise, & de leur couper les vivres,
s'alla poster à deux lieuës de Guise, der-

G iiij

riere la riviere de Verly du cofté de
Vadancourt; & on ne tardera gueres à
en entendre des nouvelles. Les ennemis fe mirent à battre avec plus de
force que jamais le Mont-éventé, pour
ruiner les retranchemens que l'on y
avoit fait : & en mefme temps faifoient
plufieurs tentatives pour forcer la porte du Grand-pont : mais elle eftoit fi
bien défenduë , qu'aprés y avoir perdu
beaucoup de monde, dont la plufpart
eftoient enfevelis dans la riviere, ils
ne pûrent encore en venir à bout; mais
il en coûta la vie au fieur Vignois Greffier en l'Election ,qui y fut tué en brave & ayant les armes en main pour la
défenfe de fa Patrie. Il fe fit auffi plufieurs petis combats en ce jour, dans
lefquels nos cavaliers donnerent bien
de l'exercice aux ennemis : il y en eut
deux des noftres , fçavoir un habitant
& un cavalier qui eurent leurs chevaux
fort bleffez fous eux, en combattant
genereufement.

Le 27. Il commença à faire jour de
bonne heure : car dés minuit l'alarme
fut donnée de tous coftez , & le fignal
ayant efté donné de la batterie du

fauxbourg saint Lazare par deux coups de canon, à quoy il fut répondu par deux autres de l'une des batteries du mont Marlot; huit cens fantassins soûtenus de deux cens cuirassiers, attaquerent la bréche du mont-éventé, & nonobstant la forte resistance des bourgeois & de trente soldats dont ils étoient secondez, ils s'en rendirent enfin les maistres aussi-bien que de tout le grand fauxbourg. Il falut donc quitter ce poste : & tout ce que l'on put faire, fut de se battre en retraite : & cela se fit en si bon ordre que tous ensemble se rallierent à la porte aux poissons. Ils y firent ferme quelque temps, où le sieur de Bridieu vint à leur secours, & prit aussi-tost resolution avec le Comte de Clermont d'aller teste baissée & l'épée à la main charger les ennemis pour les contraindre de repasser au delà du pont; mais à l'instant on vint luy rapporter qu'on estoit aux prises au quartier de Chanterayne, & qu'en même-temps les ennemis attaquoient vivement les dehors du Chasteau, ce qui l'obligea de prendre d'autres mesures.

En effet pendant que les Lorrains donnoient l'affaut à la Ville du cofté du grand pont, le Comte de Fuenfaldaine avec les Flamans-Bourguignons, & Dom Eftevan de Gamarre avec les Efpagnols faifoient faire deux attaques de leur cofté en mefme-temps, l'une à la Ville & l'autre au Chafteau; & la demi-lune de Chanterayne fut emportée pour la feconde fois; & une partie des ennemis ayant furpris un paffage à cofté des jardins, & s'eftant gliffez au delà de la demi-lune par des chemins couvers & détournez & par derriere la maifon du Cygne entre la premiere porte, les affiegez furent contraints de fe retirer à la feconde : & ce fut-là que le chamaillis recommença de nouveau avec plus de furie que jamais ; de forte qu'il y en eut quantité de tüez, de bleffez & de faits prifonniers de part & d'autre. Mais enfin il falut ceder à la force, & la porte ayant efté emportée par l'effet d'un petard, toute l'armée ennemie enfonça les corps de Garde, & entra dans la Ville avec un vacarme épouventable. Cependant les affiegez fe battoient en retraitte, & gagnoient

toûjours dans le meilleur ordre qu'il
leur estoit possible la porte du Chasteau : Et l'on doit dire icy à la gloire
du sieur de Laloy Capitaine au Regiment de Persan, qu'il fit des merveilles
à l'une & à l'autre porte de Chanterayne avec trente ou quarante hommes
qu'il commandoit, & qu'il servit extrêmement à soûtenir les bourgeois
dans leur retraitte, faisant ferme avec
les siens d'espace en espace, jusqu'à ce
qu'ils fussent arrivez au Chasteau: mais
sur tous le Comte de Clermont ne se
signala pas moins dans la retraite qu'il
fit faire aux habitans, depuis la porte aux
Poissons jusqu'au Chasteau, qu'il avoit
fait depuis le commencement du siege:
c'est assez dire qu'il les couvrit de tout
son corps, jusqu'à ce qu'ils fussent arrivez à la place du Tocquet, combattant toûjours à leur teste & faisant un
carnage effroyable des ennemis : Qu'é-
tant arrivé en cet endroit où la confusion estoit extraordinaire à cause du
concours de Chanterayne ; il s'y posta
avec une fermeté admirable, jusqu'à ce
que les habitans fussent à couvert du
Chasteau ; & qu'enfin il falut presque

toute l'armée ennemie sur luy, pour le faire retirer de ce poste.

Ainsi fut prise & reduite la ville de Guise à la pointe du jour le 27. Juin 1650. aprés onze jours de siege, où plusieurs des habitans furent tuez & plusieurs faits prisonniers. L'on peut aisément s'imaginer le dégast que les ennemis y firent, dans le dépit où ils estoient d'avoir perdu tant de monde devant une place aussi foible que celle-là.

Ils ne laisserent pas pourtant de gagner encore un poste au quartier de Clermont en la contrescarpe du Château, sous le bastion de la Charbonniere; & ils s'y rendirent maistres aussi d'une traverse. Mais il ne s'en faut pas trop étonner, n'y ayant pas employé moins de quinze cens hommes contre quatre-vingt seulement de Clermont, qui firent en cette occasion, tout ce que pouvoient faire des gens de cœur; mais il falut ceder à la multitude.

Six cens Espagnols se retrancherent si bien en cet endroit pendant environ quatre heures de temps qu'ils y furent, que l'on ne pouvoit le faire avec plus

de précaution. Ils se firent des abris
avec de grosses doses, des planches,
des doubleaux, des sacs de laine & des
paniers remplis de terre. Ils travailloient mesme déja sans perdre un seul
moment à une ligne vers ce bastion
pour y attacher le mineur, & l'on dit
mesme qu'il y estoit déja logé.

Mais c'est icy qu'éclata encore la bravoure du genereux Comte de Clermont, aussi-bien que le courage & la
conduite du sieur de Montfort dont on
ne peut se dispenser de rapporter icy les
belles actions.

Le nom de Montfort a toûjours esté
celebre dans l'Histoire, & tous les siecles passez nous ont parlé de plusieurs
grands personnages de ce nom, qui
ont fait des prodiges dans le mestier de
la guerre & pour le service de l'Etat.
Nous ne prétendons point parler icy de
toutes les grandes actions qu'à pû faire
nostre Montfort, soit au service du
Roy où il est entré fort jeune, soit au
service de son Altesse le grand Duc de
Guise, qui l'a recompensé d'une pension de deux mille livres de rente sur la
recepte de son Duché; ce qu'il a fait

au siege de Guise nous suffit pour
parler avec éloge.

Montfort estant au desespoir de ce
qu'en son absence les ennemis s'estoient
rendus maistres de la contrescarpe
dont il vient d'estre parlé, conclut avec
le sieur de Bridieu dans le conseil de
guerre, qu'il faloit la regagner à quelque
que prix que ce fût, la Place estant per-
due par là sans ressource, à moins que
d'en faire déloger les ennemis; & se
chargea luy-mesme de faire réüssir cette
entreprise.

Le Comte de Clermont n'avoit pas
moins de chagrin de ce que cela estoit
arrivé au quartier qu'avoit son Regiment, pendant qu'il estoit aux mains
avec les ennemis à la teste de la bourgeoisie dont il avoit entrepris la protection & la défense : c'est pourquoy
ne voulant pas qu'on luy en pût faire
aucun reproche, il s'offrit de servir
comme Volontaire en cette action ; &
avec son honnesteté ordinaire, & dans
une genereuse confiance en Dieu, dit
au sieur de Bridieu, qui paroissoit indi-
gné, qu'il ne se mit pas en peine ; &
qu'après avoir entendu la sainte Messe

il feroit bien retirer les ennemis de
son poste, & y feroit retourner ses soldats. Ce fut le R. P. le Grand qui se-
condant le zele de ces deux Heros, se
mit en devoir de celebrer, comme il
faisoit tous les jours dans les dehors;
où il ne faut pas omettre ce qui luy arriva pendant le saint Sacrifice: Dans
l'action mesme de la consecration, un
boulet de Canon donnant dans la demi-lune de terre, enleva une demi-
brique, qui fut le fraper entre les deux
espaules avec la violence que l'on peut
s'imaginer. Tous les assistans en furent
effrayez, il n'y eut que ce genereux
Pere qui demeura ferme dans cet acci-
dent; car sans se distraire de son action,
il mit la main gauche sur le Calice, de
crainte qu'il ne se commit quelque ir-
reverence à l'égard du précieux Sang
de Jesus Christ, & acheva ainsi son sacrifice avec la mesme constance qu'il
avoit fait paroistre depuis le commencement du siege; d'où l'on peut penser
que chacun touché de cette merveille, sortit delà en disposition de bien
faire.

 L'entreprise estoit hardie, & il ne

faloit que des gens qui ne fçeuſſent ce que c'eſtoit que de craindre pour ſervir en cette action. Les ennemis eſtoient logez & retranchez avantageuſement dans la contreſcarpe, & le Mineur eſtoit déja peut-eſtre attaché à l'angle du baſtion. Ils avoient trois batteries ſur le mont Marlot qui tiroient inceſſamment, quantité de grenadiers qui faiſoient un feu continuel, huit eſcadrons de cavalerie pour les ſoûtenir, & tous les Generaux de l'armée dans une des batteries de canon à trois ou quatre cent pas de-là, pour pouſſer leur deſſein juſqu'aux dernieres extremitez.

Voicy la conduite qui fut obſervée pour faire réüſſir une entrepriſe de ſi grande importance; Monſieur de Bridieu ſe retira dans le Chaſteau où il fit faire un feu extraordinaire ſur les ennemis. Montfort détacha deux cens hommes d'élite de tous les corps, & en donna le commandement au ſieur Haüy de Ratilly Capitaine au Regiment de Guiſe, aſſiſté des ſieurs de Beaulieu Guillebaud & de Crevan, le premier Lieutenant, l'autre Enſeigne au mesme Regiment avec deux Sergens. Ceux-cy furent mis à la teste de vingt mousquetaires : le sieur Haüy se mit à la teste de quarante hallebardiers : les deux autres Officiers soûtenoient avec cent quarante autres mousquetaires : & tous ensemble allerent forcer les enne-mis dans leurs retranchemens.

Les efforts que les deux partis firent en cette occasion furent autant de prodiges de valeur. La cavalerie en-nemie qui estoit à couvert du feu de la Place favorisoit extrêmement les siens, avec six vingts Officiers réformez Espa-gnols qui les défendoient genereuse-ment la pique à la main : mais leur opiniastreté ne servit qu'à rendre cette action plus glorieuse pour les nostres. Ils les pousserent vivement ; & il n'y en eut pas un tant des Officiers que des soldats qui ne fit dans cette rencontre des prodiges de hardiesse & de force. Le sieur de Haüy entre tous les autres, poussa sa pointe si avant qu'il fut blessé de trois coups de mousquets, ce qui l'obligea de se retirer. Mais aprés un combat extrêmement opiniastré, Mont-fort voyant que la partie estoit trop

H

forte, & qu'ils pouvoient tous y perir
fans aucun fuccés. Il commanda au
Regiment Polonois, aux deux compagnies Suiffes, à cinq compagnies de
Perfan, & à la moitié du Regiment de
Guife d'aller donner en flanc & par
derriere fur les ennemis : Et le Comte
de Clermont de fa part eftant retourné
en fon pofte en fortit l'épée à la main,
& fuivi de quelques-uns de fes Officiers, rallia ceux que la grandeur de cette entreprife faifoit déja balancer, s'ils
ne lâcheroient pas le pied. Ainfi ani-
mez de plus en plus par l'exemple & par
la bravoure de ce Heros qu'ils voyoient
à leur tefte, ils mirent tous l'épée à la
main, firent les derniers efforts contre
les ennemis, & les chafferent enfin de
cet endroit aprés en avoir fait paffer
plufieurs au fil de l'épée. Montfort y
fut bleffé, & l'on crût d'abord fa playe
mortelle, mais elle n'a fervi qu'à augmenter fa gloire. Le Comte de Clermont s'y fit remarquer entre tous les
autres, ayant eu en tefte le Commandant des ennemis, qui s'opiniaftra à le
combattre jufqu'à la fin, & qui vint
plufieurs fois fur luy l'épée à la main

pour le percer, mais il para adroitement
les coups , & aprés l'avoir long-temps
ménagé, il luy paſſa enfin la ſienne au
travers du corps:& ce qui fit encore davantage à ſa gloire ; c'eſt qu'ayant ainſi
chaſſé les ennemis de ſon poſte , il y
replanta de ſa main le drapeau de ſa
colonelle ; & entrant enſuite dans le
Chaſteau tout couvert du ſang des ennemis & du ſien meſme, (car il fut
bleſſé en cette occaſion) il y fut receu
aux acclamations de tout le monde.

Le ſieur de Meliſcot Commandant
des Polonois y fut auſſi bleſſé & un Enſeigne de Guiſe tué, avec un ſergent des
Suiſſes qui avoit la pointe, faiſant tous
également le devoir de braves ſoldats.
Mais pour rendre juſtice à qui il appartient; il faut dire qu'il n'y eut pas un
Officier ni aucun ſoldat en cette occaſion qui ne fit tout ce qui ſe peut imaginer de plus genereux, & qui ne merite ſon éloge particulier dans cette
Hiſtoire

Quelques-uns ont compté juſqu'à
cent cinquante des ennemis tüez ſur la
place : mais la relation qui en a eſté
imprimée n'en marque que ſoixante,

un grand nombre de bleffez & quantité de prifonniers. On y trouva fix
vingts piques, deux cens moufquets,&
deux cens, tant pioches que pefles.
Quoy qu'il en foit, ils furent ainfi re-
pouffez dans leurs tranchées, leurs
travaux renverfez & la contrefcarpe re-
parée avant la fin du mefme jour par les
ordres du fieur de Montfort.

Le 28. 29. & 30. les ennemis ne parurent gueres en humeur de fe battre,
& toute leur principale occupation fut
à faire difpofer des mines au Chafteau
du cofté de la Ville pour s'en faciliter
l'affaut.

Mais on apprit par des deferteurs que
ce n'eftoit pas fans fujet qu'il paroiffoit
tant de refroidiffement parmi eux. Que
la faim les preffoit de prés ; Qu'ils é-
toient dans des inquietudes continuel-
les pour leurs convois, à caufe de l'armée du Marefchal du Pleffis-Pralin
qui eftoit capable de les furprendre;
& enfin qu'ils eftoient tous mécontens
les uns des autres, tous dans la défiance & dans la confternation d'avoir jufqu'alors fi mal réüffi dans une entreprife qui leur avoit paru également ai-

ſée & avantageuſe. C'eſt la verité qu'ils n'avoient pas bien pris leurs meſures pour leur ſubſiſtance, parce qu'ils ne s'eſtoient pas imaginez qu'on pût ainſi les arreſter devant une Ville où ils a-voient crû ne trouver aucune reſiſtan-ce : & le beſoin des vivres eſtoit déja ſi grand dans leur camp, qu'il y avoit à peine du pain pour les Officiers. Leur inquietude pour leurs convois n'eſtoit pas ſans fondement : ils avoient raiſon d'apprehender de la part du Mareſchal & de ſon armée : car tout ſon ſoin eſtoit de couper les paſſages aux vivres qui pouvoient leur venir des Païs-Bas. D'ailleurs il ne ceſſoit point depuis ſon arrivée de les fatiguer par des partis continuels qu'il leur envoyoit ſur les bras. Il ſçeut qu'un grand convoy de plus de trois mille charettes & d'un pa-reil nombre de beſtes de ſomme leur devoit arriver en bref de la ville d'A-vennes, un autre de Landrecis & un troiſiéme de Cambray; mais il fit ſi bien rompre les chemins par le moyen des foſſez qu'il fit faire, & boucher les paſſages par de grands arbres qu'il fit abbattre, & mit de ſi bonnes gardes de

toutes parts , que rien du monde ne
pût échaper. Le Comte de Grancey
Lieutenant General fut envoyé du cô-
té d'Arras avec cinq cens Mousquetaires & deux cens chevaux. Le sieur Ro-
se Alleman , aussi Lieutenant General
fut envoyé d'un autre costé avec mille
chevaux & cent dragons qui firent trente prisonniers. Le sieur de Villequier
Lieutenant General alla le 27. à la teste
de huit cens chevaux , suivis de six cens
mousquetaires du costé de Landrecis.
Le sieur d'Hocquincour y fut aussi le
lendemain par une autre route avec
pareil nombre de Cavalerie & d'Infanterie. Le Marquis de la Ferté Se-
neterre qui en la mesme qualité estoit
à la teste de douze cens chevaux , & de
six cens mousquetaires , n'en revint pas
sans avoir fait bon nombre de prisonniers ; & tous firent si bien leur devoir
que pas un des convois ne put arriver.

On ne peut passer sous silence les
grands services qu'a rendu en cette occasion l'Abbé de Mignieux Gentil-
homme du païs , qui fit bien voir qu'il
y a des sujets & des rencontres où les
gens d'Eglise peuvent bien faire l'office

de Capitaines & de soldats, comme
dans celle-cy où il y alloit du salut de la
patrie : Il s'estoit enfermé d'abord avec
quelques Païsans dans un Chasteau où
il se défendit plusieurs jours contre les
troupes qui passoient. De-là il amassa
les habitans de plus d'une vingtaine de
Villages, lesquels se refugiant dans les
bois avec luy, & suivant les ordres qu'il
leur donnoit, profiterent de cent rencontres avantageuses, surprirent des convois, tuërent quantité de fourageurs,
& eurent pour la pluspart des chevaux
à monter. Il servit mesme extrêmement
à nos Generaux pour les conduire dans
les postes & les passages où les ennemis pouvoient s'échapper. Mais voicy
ce qui acheva de les déconcerter & de
leur faire perdre toute esperance.

Le 29. dix escadrons de cavalerie ennemie faisant sept cens chevaux & trois
cens Mousquetaires, montez sur autant de chevaux de somme, chargez de
pain & d'autres munitions pour porter
à leur camp, ayant passé la riviere à
Sorbé, parurent dans la plaine de la
Capelle (Les Memoires du Mareschal
du Plessis en parlent comme d'un grand

convoy escorté de douze cens chevaux)
Quoy qu'il en soit, le Guet qui estoit
au clocher de cette Ville-là n'eut pas
plûtost donné le signal, que le sieur
de Roquepine Mareschal de Camp &
Gouverneur de la Place fit tirer le canon pour avertir les nostres de leur approche : & aussi-tost le sieur de Gontery Cornette de la Compagnie Françoise de Chevaux legers de Mazarin, qui
estoit en campagne & qui commandoit
aussi de ce coste-là celles du Cardinal
Antoine, du Mareschal & du Comte
du Plessis-Pralin, du Milord d'Igbi &
de Reneville, vint joindre la compagnie du Gouverneur de la Capelle,
qui tous ensemble pouvoient faire
au plus deux cens cinquante chevaux. C'estoit peu de chose en comparaison du parti ennemi ; ils entrepri-
rent pourtant de les charger : & ils le
firent avec tant de vigueur, le sieur de
Roquepine donnant à la gauche & Gontery à la droite, qu'ils les mirent tous
en déroute, les obligerent de quitter
les bois de la Capelle, à la faveur desquels ils marchoient fort serrez, & les
pousserent si brusquement pendant
deux

deux lieuës, qu'ils les contraignirent
d'abandonner leurs trois cens chevaux
de somme avec toutes leurs charges, &
jusqu'à cinquante mille rations de pain.
Outre cela il y eut cent cinquante hommes de tuez de ce parti & autant de faits
prisonniers, au nombre desquels se
trouverent vingt-cinq, tant Capitaines
que Lieutenans, Alfiers reformez &
autres Officiers.

Personne n'a disputé l'honneur de
cet avantage au Mareschal du Plessis-
Pralin General de l'armée, pour avoir
donné ses ordres si à propos dans tant
de conjonctures favorables, & particulierement en celle-cy qu'il avoit fort
bien préveu. Et on aura sujet de s'é-
tonner, que ce Heros qui ne faisoit
que de relever d'une fiévre double-
tierce, ait pû estre huit jours sans se
coucher, & presque toûjours à cheval
pour donner ses ordres dans toute la
frontiere. De Roquepine & de Gontery s'y sont fort signalez, & ont tellement relevé par des éloges reciproques
les belles actions l'un de l'autre, que
chacun vouloit à l'envi en attribuer
toute la gloire à son compagnon : mais

I

elle est assez grande pour la partager
entr'eux, en disant que tous deux y
ont parfaitement bien fait & payé de
leur personne. Le sieur de Gontery y
eut son buffle percé d'un coup de mousquet, & ce Gouverneur y perdit le
Chevalier de Roquepine son neveu
dans la meslée. Le sieur de Parpeville
Lieutenant de la Compagnie du Mareschal, & le sieur d'Aubeterre aussi Lieutenant de celle du Comte du Plessis
Pralin son fils ; le sieur du Rude Mareschal des Logis de la Compagnie de
son Eminence ; le sieur de la Roche &
les autres volontaires d'un Regiment
d'Infanterie qui estoit pour lors dans la
Capelle, meritent icy tous leurs éloges
particuliers, ayant tous servi en braves
dans cette rencontre. Et ainsi ce n'e-
toit pas sans raison que les assiegeans
estoient en inquietude pour leurs convois.

Mais ce qui les desola entierement
fut que cette grande armée composée
de François, d'Espagnols naturels, d'Allemans, de Vvallons, de Lorrains & de
Bourguignons, qui avoient toûjours
maintenu entr'eux quelque correspon-

dance, commença à perdre patience,
& à murmurer ouvertement contre les
chefs de l'entreprise.

D'ailleurs le Regiment de Turenne,
qui estoit de six cens hommes au commencement du siege, se voyoit reduit à
deux cens cinquante par la desertion
des soldats; & generalement toute
l'armée menaçoit de sedition si on ne
leur donnoit du pain, & si l'on ne pour-
voyoit mieux que par le passé à leur
subsistance. C'est ainsi que le rapporterent des deserteurs François, qui ajoû-
toient encore que leurs Officiers e-
toient dans une si profonde melancolie,
& si mal-satisfaits d'eux-mesmes, qu'il
n'y avoit plus moyen de leur obeïr : &
pour surcroist de leur malheur, qu'on
estoit entré en telle deffiance d'eux,
que depuis huit jours les Espagnols
n'avoient pas permis aux soldats François d'entrer en aucune des trois
tranchées, dont deux estoient contre
la ville & l'autre contre le Chasteau.
Ainsi il n'y avoit que du chagrin chez
les ennemis : d'où il ne faut pas s'étonner, si depuis qu'on les eut batus au
bastion de la Charbonniere ils ne pa-

rurent plus si échauffez qu'ils estoient
auparavant ; mais parce qu'il n'est rien
de plus dangereux que des gens de
guerre qui se voyent reduis à l'extremité , & que le desespoir , comme dit Tu-
bero, est le dernier , mais le plus puissant effort & le Donjon le plus invincible pour des gens qui se voyent poussez à bout ; il faut voir à quoy pensoient
nos gens dans le Chasteau pendant
que l'on travailloit à les faire sauter
en l'air, ou à les ensevelir sous ses ruines & dans les entrailles du rocher, ou
au moins à les prendre par assaut.

Les ennemis ayant découvert que
dans la maison dite la Hure, scize ruë
Chanterayne, il y avoit une cave qui alloit fort avant sous le Chasteau , cru-
rent qu'ils ne pouvoient mieux faire
que de le miner par là : En effet ils y pra-
tiquerent deux mines , qu'ils rempli-
rent , à ce que l'on dit , de quarante-
huit tonneaux de poudre , ce qui estoit
sans doute suffisant pour enlever le
Chasteau tout entier avec la Tour.
D'où l'on peut juger s'il y avoit lieu de
craindre à ce coup, & si d'autres moins
genereux que ceux de Guise n'auroient

pas eu recours à quelque honorable
compofition.

Tous les habitans eftoient pour lors
dans le Chafteau ; Monfieur de Bridieu
les mit tous à travailler à des retranchemens & à toutes les inventions que
l'on put s'imaginer pour fe bien défendre en cas d'affaut. Il y en eut deux
entre les autres, fçavoir le fieur Fleury
dont il a déja efté parlé, & Laurent
Chanevas, qui par une action d'une
grande hardieffe pénetrerent la profondeur des cafemates & y furent chercher
les Mineurs jufque dans les entrailles
du rocher : & effectivement ils les ap-
procherent de fi prés qu'ils les enten-
dirent travailler & connurent l'endroit
où ils eftoient, ce qui fervit beaucoup
à prendre de juftes mefures dans cette
fâcheufe conjoncture.

Mais c'eftoit une merveille de voir
l'affurance, l'allegreffe & la diligence
avec laquelle les femmes mefmes, les
filles & les Demoifelles s'y employoient,
ayant à leur tefte Madame de l'Echelle,
Dame diftinguée dans le païs & dont
le nom eft affez connu à la Cour par le
merite de Meffieurs les enfans que fa

Majesté a la bonté de considerer. C'é-
toit, dis-je, une merveille de les voir
occupées à faire des ouvrages que l'on
auroit crû infiniment au dessus de la
portée de leur sexe, & également au
dessous de leur condition. De quoy il
ne faut pourtant pas s'étonner, puisque
ce Gouverneur estant le maistre des
cœurs des uns & des autres, il les conduisoit luy-mesme dans tous ces travaux de la maniere du monde la plus
engageante & la plus agreable.

Il faut toutefois avoüer & dire icy
la gloire des Demoiselles de Guise,
qu'elles ont un je ne sçay quoy de genereux qui pourroit leur meriter le titre
d'Amazones de la France. Je ne prétends
pas parler des qualitez exterieures de
leurs personnes: ce n'est pas ce dont il est
icy question. Je ne prétends pas parler
non plus de leur esprit, quoy qu'il
n'y ait rien de plus poly ; mais je parle
d'une vertu masle, noble & genereuse
qui les accompagne par tout, avec une
honnesteté si agreable qu'elle leur attire
l'estime & l'amour d'un chacun. C'est
assez dire qu'elles sçavent converser
avec honneur & d'une maniere irre-

prochable parmi les gens de guerre, &
que ni les armes ni les armées ne sont
pas capables de les épouventer. C'est
ce qui a paru dés le commencement de
ce siege, où elles n'ont donné que des
marques de leur constance & de leur
generosité. Elles ont veu devant leurs
yeux des personnes de leur sexe qui ont
esté écrasées par les bombes, & une entre les autres dont la teste fut emportée d'un boulet de canon pendant
qu'elle se coëffoit, sans que rien de
tout cela ait esté capable de les étonner.

Et c'est peut-estre ce que ne sçavoit
pas le sieur de Fauge l'un des Lieutenans
Generaux du Duc de Lorraine, qui pour
leur donner lieu de se retirer, envoya
un Trompette offrir des passeports à
certaines de ces Demoiselles pour qui
il marquoit avoir des égards particuliers. Mais soit qu'il le fit dans un
esprit de galanterie, ou peut-estre pour
diminuer par cet artifice la resolution
& le courage des assiegez, en les pri-
vant de ces beaux exemples de bravoure, sa civilité fut fort mal receuë &
son Trompette renvoyé avec ses passeports.

Cependant les habitans resolus de mourir plûtost les armes à la main que de se rendre, travailloient à se retrancher & à se mettre en défense.

Un nommé Bernier entre les autres, Charon de son mestier, mais homme d'esprit & de resolution, , faisoit mille inventions pour l'artillerie, avec des chevaux de Frise armez de toutes pieces pour arrester l'impetuosité des ennemis , & en faire un horrible carnage quand ils viendroient à monter à l'assaut.

Durant tout ce temps-là l'artillerie du Chasteau ne cessoit point de tirer: Le sieur Carantin Capitaine au Regiment de Clermont commandoit celle du bastion de la Charbonniere : & le sieur Tardet volontaire dans Persan conduisoit celle des autres bateries : mais l'un & l'autre le faisoient avec tant d'adresse & de succés , que les ennemis ne sçavoient où se cacher, ni venir à bout de remonter leurs canons. Les soldats d'un autre costé faisoient un feu continuel de leur mousqueterie , & jettoient tant de grenades & autres feux d'artifice dans tous les endroits

de la Ville & fur tout du cofté des Mines, que tous ceux qui ofoient y paroiftre en eftoient accablez.

D'ailleurs noftre Compagnie de Cavalerie & ceux de nos habitans qui
fçavoient monter à cheval, ne pouvant
plus demeurer en repos, & arrefter
l'ardeur martiale qui les animoit, re-
folurent de faire une fortie, dont il eft
à propos de rapporter icy les circon-
ftances.

Comme les ennemis avoient ruiné
avec leurs batteries le Pont & la Porte
de derriere du Chafteau, dite la Porte
du fecours, & qui eftoit l'unique par
laquelle on pouvoit fortir ou entrer du
cofté de la Campagne, ils n'apprehen-
doient plus de fe voir fur les bras Mezilles avec fes braves. Mais ils ne fçavoient pas le fecret des Cafemates, fi
bien que jamais ils ne furent plus furpris que lors qu'ils virent fortir comme
des entrailles de la terre, une Cavalerie dont l'équipage extraordinaire les
jetta tous dans l'épouvante.

Mezilles s'eftoit avifé avec toute fa
Compagnie de fe traveftir en toutes
fortes de figures differentes, & d'aller

ainsi donner sur les ennemis. Le Marquis de Solies & les sieur de Fiennes & de Pont, tous Seigneurs de qualité, qui s'estoient trouvez engagez dans la Place lors qu'elle fut assiegée, voulurent estre de la partie, comme ils avoient déja fait en plusieurs autres occasions, avec les braves Cavaliers de la Bourgeoisie, & ce qu'ils avoient de gens à leur suite. Ils pouvoient faire tous ensemble quatre-vingts chevaux : mais c'estoit le plaisir de les voir, les uns en habit de Turcs, d'autres en forme de Sauvages & de Barbares, de Mores, d'Egyptiens, de Pantalons, d'Espagnols & plusieurs mesme en figures de diables, le visage & les mains noircies avec de la suye de cheminée, & les autres enfarinez de la maniere la plus grotesque du monde. On auroit crû à les voir que c'estoit une mascarade ou une partie de théâtre. Leur accoûtrement de teste n'estoit pas moins bizarre que le reste de leurs habillemens, ayant en teste, qui, le Turban ; qui, le bonnet à la Polonnoise ; qui, le chapeau à la Juïfve ; qui, des cornes avec une barbe & des moustaches à l'Espagnole, & avec

cela tous montez à l'avantage, leurs
chevaux enharnachez d'une maniere
toute nouvelle, & ayant des armes toutes differentes. Eſtant entrez en cet
eſtat au champ de bataille lors que l'on
y penſoit le moins, ils cauſerent un tel
deſordre parmi les ennemis, qu'ils ne
ſçavoient où ils en eſtoient & dou-
toient ſi c'eſtoit un ſonge ou une farce
qu'ils voyoient devant leurs yeux, où
ſi tant de differentes nations eſtoient
ſorties des enfers avec les diables pour
venir fondre ſur eux. Mais pendant
qu'ils eſtoient en cette agitation d'eſprit, nos valeureux champions ſe mé-
lant parmi eux, les battirent à la Tur-
que, à la Barbare, & en autant de manieres differentes qu'ils avoient pris de
differentes armes & figures. C'eſt aſſez
dire, qu'ils en tuerent un bon nombre,
qu'ils en écharperent autant qu'il leur
en put tomber entre les mains ; &
qu'ayant mis les autres en fuite, ils
demeurerent maiſtres du champ de bataille, ſans y avoir eu que cinq ou ſix
bleſſez & le valet de chambre du Marquis de Solies tué.

On peut juger par ce trait de bra-

voure du genie des gens de Guife qui
ont eu bonne part en cette action, &
on dira avec juftice à leur gloire, qu'ils
n'ont pas l'efprit moins inventif pour
les ftratagêmes de guerre que le cœur
noble & genereux.

Cependant les mines s'avançant fort
fans qu'il y eût moyen d'empefcher les
mineurs de travailler;

Le 30. il vint un Trompette de la
part du Comte de Fuenfaldaine avec
une lettre au fieur de Bridieu, par-la-
quelle il le preffoit de fe rendre : en
voicy la teneur.

MONSIEUR,

Les inftances que m'a fait
Monfieur de Fauge, & l'efti-
me que je fais de vos merites,
me donnent occafion de vous
avertir, que les mines efquelles
vous fçavez qu'on a travaillé
ces jours-icy, font preftes à fauter

et à faire l'effet que l'experience
vous pourra montrer si ne pre-
nez autre resolution : ce que
faisant promptement, pouvez
esperer les conditions que vostre
valeur & de tant de braves soldats, comme ceux qui sont à vôtre charge meritent : mais lais-
sant passer cette occasion et attendant l'execution des mines,
pouvez estre assuré qu'il ne sera
plus en mon pouvoir de le faire:
Ainsi c'est à vous de considerer,
si au service de vostre Roy et
de vostre Maistre, il convient
pour six heures de detention
plus, de sacrifier à l'impetuosité du feu & à la furie militaire
tant de vies & honneurs; que
en vous donnant cette adver-

tance, je demeureray déchargé
envers Dieu & le monde, de
tout ce qu'en pourra succeder,
& seray cependant,

MONSIEVR,

Voſtre tres-affectionné ſerviteur,
FVENSALDAINE.

Du Camp ce 30. Juin 1650.

Et au bas de la Lettre,

M. DE BRIDIEU.

Bridieu qui eſtoit trop perſuadé de la
fidelité des habitans & de leur affection
au ſervice du Roy, pour n'avoir pas une
entiere confiance en leurs Magiſtrats,
crut qu'il ne devoit rien faire dans une
conjoncture auſſi preſſante que celle-là,
qu'aprés leur avoir communiqué les
avis qui luy eſtoient donnez de la part
des ennemis, comme il l'avoit fait juſ-

qu'alors dans les autres occasions où il
avoit esté necessaire de prendre quelque
resolution importante dans les conseils de guerre où il les avoit appellez.
Il fit donc venir les sieurs Poulain,
des Forges & de la Chasse qui remplis-
soient dignement la Magistrature, &
lesquels outre le merite qui les y avoit
élevez, possedoient l'estime & le cœur
de leurs Concitoyens; aussi estoient-
ils distinguez par d'autres charges, dont
ils s'acquitoient avec honneur: ce qui
les rendoit plus recommandables aux
peuples & donnoit plus de poids à
l'autorité qu'ils avoient sur eux en qualité de Magistrats. Ces Messieurs s'é-
tant donc rendus chez luy, il leur fit
voir la lettre qu'il venoit de recevoir:
mais bien loin que la consideration de
l'extrême danger où ils estoient, & que
toutes les menaces dont cette lettre
estoit remplie pussent ébranler le courage de ces genereux Magistrats; ils té-
moignerent unaniment qu'ils estoient
trop bons serviteurs du Roy pour vouloir assurer leur vie au peril de sa gloire: que rien du monde ne les feroit
changer de resolution, qu'ils estoient

prefts de foufcrire telle réponfe qu'il
jugeroit à propos de faire au Comte de
Fuenfaldaine , & de s'expofer aux endroits les plus perilleux des attaques
pour donner des preuves plus fenfibles
de leurs veritables difpofitions , qui
eſtoient ou de vaincre ou de mourir,
plûtoft que de donner aucun avantage
aux ennemis de l'eftat dans une conjonĉture fi importante. Le Gouverneur fort content d'une refolution fi
genereufe dans fa bourgeoifie, fut parler au Trompette à la barriere des dehors , accompagné de fes principaux
Officiers & des Magiftrats , & du con-
fentement de tous luy donna fa réponfe
par écrit en ces propres termes.

MONSEIGNEUR,

Il n'eftoit pas befoin de l'avis

que vostre Excellence a eu la
bonté de me donner à la sollici-
tation de Monsieur de Fauge=
l'effet des mines dont je suis me-
nacé ne fera que fortifier la resolution de tous ces Messieurs
qui sont avec moy, de se bien
défendre ; puis que la qualité
d'hommes d'honneur que vous
leur donnez ne se peut conserver que par cette voye-là : si
vous avez compassion pour eux,
j'en ay de tous ceux que vous
exposerez à nous attaquer. Ie
croy estre obligé envers Dieu
d'avoir cette charité pour eux
& de vous en donner avis. Cependant en vostre particulier, je
seray bien aise que vous me

donnie*z* lieu de *vous témoi-*
gner que je suis,

MONSEIGNEUR,

Voftre tres-humble ferviteur,
DE BRIDIEU.

Du Chafteau de Guife
le 30. Juin 1650.

Ainfi le Trompette fut obligé de s'en
retourner comme il eftoit venu : ce ne
fut neanmoins qu'aprés avoir bien beu
& du meilleur vin de la Place : car les
Officiers furent bien aifes de luy faire
voir que l'on n'en manquoit pas, &
qu'il y en avoit encore pour regaler
ceux qui les vouloient vifiter : L'on dit
mefme que pendant le cours du fiege,
le fieur de Bridieu envoya plufieurs fois
au Marefchal de Turenne & aux autres
Generaux toutes fortes de rafraichiffe-
mens & de vivres de fa Place, pour
leur faire connoiftre par ces actions de

generoſité & de bravoure qu'il avoit
abondance de munitions de bouche
pendant.qu'ils mouroient de faim dans
leur camp. Quoy qu'il en ſoit, il
ne faut pas omettre une choſe aſſez plaiſante qui arriva, à ce que
l'on dit, dans cette occaſion. Pendant que le Trompette eſtoit-là à par-
lementer,&peut-eſtre à boire,un de nos
Sergens s'aviſa de regarder aux pieds
de ſon cheval : & ſur ce que le Trompette luy en demanda fierement la raiſon, il luy répondit fort froidement,
qu'il regardoit s'il eſtoit bien ferré
pour s'en retourner le lendemain au
lieu d'où il eſtoit venu. Il ne faut pas
douter que cette raillerie ne divertit
ſur le champ la compagnie ; mais ce ne
fut que pour un moment : parce que
chacun eſtoit obligé de s'appliquer de
bonne ſorte à ſes affaires.

Le ſieur de Bridieu crut qu'il eſtoit
de ſon devoir de donner avis à l'armée
du Roy de l'extremité & du dernier
danger où eſtoit la Place, pour l'obliger à s'avancer & à venir au ſecours.
En effet il fit allumer des feux au deſſus
de la Tour pendant la nuit, & dépeſ-

cha un meſſager qui eut l'adreſſe & le
bonheur de paſſer & de repaſſer au travers des ennemis & d'executer ſa com-
miſſion: mais il ne rapporta point d'autre réponſe, ſinon que lors que la mine
joüeroit on miſt un flambeau au deſſus
de la Tour pour ſervir de ſignal; ce
qui ne ſatisfit pas trop les aſſiegez, qui
s'attendoient à toutes autres choſes.
Quoy qu'il en ſoit, tout eſtoit donc
diſpoſé de la part des aſſiegeans pour
faire joüer leurs mines: & dés le matin
du jour ſuivant qui eſtoit le premier de
Juillet, on vit détacher des troupes de
tous les quartiers pour venir attaquer la
Place de tous coſtez par un aſſaut general.

Mais voicy ce que fit le ſieur de Bridieu pour les bien recevoir. il fit
rentrer dans le Chaſteau les troupes
qu'il avoit poſtées dans les dehors, à
la reſerve de cent cinquante hommes
ſeulement, qu'il y laiſſa dans un poſte
important, pour ſervir en cas de beſoin. Il en fit la reveuë avec celles qui
y eſtoient déja; & elles ſe trouverent au
nombre d'environ treize cens hommes,
qu'il diſpoſa derriere les derniers re-

tranchemens & dans les places vers
l'endroit des deux mines, & donna ordre au sieur de Montfort de commander à l'une des attaqnes quand la mine
auroit joüé, tandis que luy se tiendroit
à l'autre pour y donner ses ordres.

2. Il mit les habitans en garde dans
les bastions de l'Alloüette & de la Charbonniere, aux courtines & sur la demi-lune d'entre deux. Où on ne sçauroit se dispenser de dire qu'entre tous
ces braves habitans il y avoit la Compagnie de la jeunesse composée d'environ deux cens cinquante jeunes hommes, commandez par un nommé le
sieur Bugnate qui fera tantost parler de
luy : mais tous si lestes & si bien dressez
aux exercices de la guerre, qu'il n'y en
avoit pas un seul qui ne meritast &
ne fust capable de servir d'Officier dans
l'armée : aussi y en a-il eu plusieurs qui
s'en sont acquitez depuis avec beaucoup de gloire : & à considerer encore
aujourd'huy le grand nombre qui s'y
en trouve de cette trempe, on peut
dire que Guise a toûjours esté & sera
toûjours une pepiniere d'où on peut tirer des plus braves soldats du Royaume,

& que ſe Majeſté ſera tres-bien ſervie
de ceux de cette Ville à qui il luy plaira
donner de l'employ parmi ſes Officiers.

Quoy qu'il en ſoit, c'eſtoit un objet
digne d'admiration de voir la belle diſ-
poſition où eſtoient tant les habitans
que les ſoldats à ſe bien défendre, chacun brûlant d'impatience d'en venir
aux mains avec les ennemis.

Enfin on fit boucher toutes les portes à la reſerve de celle des deux caſemates où on laiſſa un bon corps de garde
pour éviter l'inſulte inopinée des aſſiegeans.

Comme on eut jugé ſur les ſix heures
du ſoir, que les mines ne tarderoient
plus gueres à joüer : le R. P. le Grand
voulant ſeconder ce beau feu dont
eſtoit animé le ſieur de Bridieu pour
l'honneur de ſon Prince & pour le ſalut de ſa patrie, prit en main les armes
de la milice de Jeſus-Chriſt, & em-
ployant en meſme-temps le glaive de la
parole de Dieu, il fit une harangue ſi
forte, ſi noble & ſi patetique qu'il ga-
gna le cœur de tout le monde ; dé ſorte
qu'il n'y en eut pas un qui ne témoigna
eſtre preſt de mourir pour la conſerva-

tion des autres & pour la défense de
la Place : ce qui parut par les acclamations de *Vive le Roy* qu'ils firent retentir dans tous les endroits du Chasteau,
& dans les demonstrations d'amitié
qu'ils se firent mutuellement, s'em-
brassant tous les uns les autres & don-
nans des marques d'une joye toute singuliere. Mais sur tout les sieurs de Bridieu, de Clermont & de Montfort aussi
bien que les autres Officiers, qui mar-
querent par leur contenance la belle
disposition de leur ame. Ensuite il
fit mettre toutes les troupes avec tous
les habitans en estat de recevoir l'absolution de leurs pechez, comme s'ils a-
voient esté prests de mourir ; & aprés
les avoir consolez spirituellement, autant que l'on pouvoit le souhaiter dans
une semblable conjoncture ; pour re-
veiller & augmenter leur bravoure, il
fit défoncer deux ou trois pieces de
vin que l'on avoit fait transporter de
son Convent au Chasteau, leur en fit
boire à tous à la santé du Roy, comme
aussi à celle du Commandant & des
autres Officiers. Et enfin luy-mesme
par une extrême complaisance voulut

bien leur faire raifon, leur proteftant
qu'il ne les abandonneroit jamais, &
qu'il feroit gloire de mourir avec eux
fur la bréche pour le fervice de fa Majefté.

Cependant on vit mettre le feu à la
traînée, dont toutefois perfonne ne
s'épouventa. Des deux mines qui joüe-
rent prefqu'en un inftant, il y en eut
une qui ne fit prefque aucun effet : mais
l'autre qui eftoit du cofté de la Ville
vers l'Eglife de faint Pierre ébranla
toute la capacité du Chafteau, foûleva
la Tour, entr'ouvrit & emporta une
partie du rocher, & renverfa plufieurs
tonneaux pleins de terre que l'on avoit
dreffez pour fervir de retranchemens :
mais rien de tout cela ne fut capable
d'ébranler la conftance & la fermeté,
ni du Gouverneur, ni des Officiers, ni
des foldats, ni de pas un des habitans :
chacun demeura en fon pofte avec une
intrepidité admirable : & tous crians,
Vive le Roy, attendoient avec impatience fur la brêche que les ennemis y
paruffent pour les bien recevoir, &
pour les charger au premier ordre de
Bridieu, lequel fe tenant au milieu de

tous,

tous, eftoit comme l'ame qui leur inf-
piroit de fi genereux fentimens, & dont
il leur donnoit luy-mefme l'exemple.

Mais les Generaux furent bien éton-
nez de voir leurs mines n'avoir pas eu
l'effet qu'ils avoient efperé : ce qui avoit
efté emporté du rocher n'ayant fervi
qu'à le rendre plus efcarpé, & le Château moins acceffible de ce cofté-là
qu'il n'eftoit auparavant.

Le Marefchal de Turenne eftoit monté au clocher des Minimes pour voir de
là le fuccés des mines. Le Comte de
Fuenfaldaine s'eftoit rendu fur le lieu
avec les fieurs de Sfontrate, de Gamarre, de Ligni-ville, de Clincham &
de Fauge pour monter à l'affaut. Sept
à huit mille hommes de leurs troupes
eftoient tout prefts à les fuivre, & les
autres marchoient du cofté de la campagne pour fe rendre en mefme-temps
maiftres des dehors du Chafteau.

Mais ils changerent bien de refolution, & prirent celle de décamper avec
le moins de bruit qu'il leur feroit poffi-
ble : tellement qu'à l'inftant mefme ils
commencerent leur retraite à la four-
dine & s'en retournerent chacun à leur

L

poste plier bagage avec une confusion
qu'on ne peut expliquer : Ils crevoient
de dépit & de rage d'entendre les cla-
meurs des assiegez qui les provo-
quoient au combat, les acclamations
qu'ils faisoient de *Vive le Roy*, & les
reproches dont ils les chargeoient de
leurs ridicules rodomontades & de
leurs vaines entreprises.

Tandis que les assiegeans se reti-
roient ainsi à petit bruit, les nostres
demeurerent toûjours sur leurs gardes,
jusqu'au l'endemain deuxiéme du mois
feste de la Visitation de la sainte Vierge, qu'à la pointe du jour ils s'apperceurent qu'ils estoient décampez sans
tambours & sans trompettes.

Mais ce qui fut bien desolant pour
les pauvres habitans, ce fut de voir
toutes leurs maisons en feu : car les
ennemis ne sçachant que faire pour se
venger de l'affront qu'ils recevoient,
tenterent lâchement de reduire, s'ils
pouvoient, toute la Ville en cendres.
Il ne faut pas croire pourtant que ce
triste spectacle leur fist perdre courage;
leur fermeté d'ame fut toûjours si con-
stante, que ni cette incendie, ni la pe

ne de leurs concitoyens qui furent tuez
au siege les armes à la main, ni la mort
de leurs femmes & de leurs enfans qui
y furent assommez par les bombes, ni
leurs propres blessures dont plusieurs
sont devenus estropiez, ni la captivité
de quantité des leurs qui eurent le malheur d'estre faits prisonniers de guerre,
ne purent rien rabattre de leur zele pour
le service de leur Monarque, puis qu'ils
sont encore tout prests d'en donner
des preuves sensibles si l'occasion s'en
presentoit.

Dés que l'on fut asseuré de la levée du siege, le sieur de Bridieu fit
faire trois salves de toute la mousqueterie & une de tout le canon de la
Place, pour en donner avis au Mareschal du Plessis-Pralin & aux Generaux
de l'armée du Roy. Mais ce signal
qu'ils ne comprirent pas leur ayant fait
penser que c'estoit l'assaut que les ennemis donnoient au Chasteau, ils dépes-
cherent deux cavaliers pour reconnoître
leurs lignes, lesquels n'y ayant rencontré personne, mais seulement les
débris d'un camp abandonné à la haste,
ils s'avancerent jusqu'à la place, où ils

L ij

furent eux-mesmes témoins de la levée
du siege , & ils retournerent en diligence par ordre du sieur de Bridieu en
porter la nouvelle à leur camp.

On aura lieu dans la suite de l'Histoire de parler des progrés de nostre armée, & des avantages qu'elle a remportées sur les ennemis aprés leur honteuse retraite. On dit que dés le mesme jour de la levée du siege elle vint
camper dans leurs lignes ; que le Mareschal du Plessis vint à Guise s'abou-
cher avec le Gouverneur & les autres
Commandans des troupes ; & qu'il y
laissa quelques munitions de guerre;
que le Marquis d'Hocquincour ayant
voulu donner sur l'arriere-garde des ennemis, il s'y trouva embarrassé & eut
peine à s'en retirer ; & qu'enfin il vint
ordre au Mareschal du Plessis d'en-
voyer partie de ses troupes à Bordeaux
où le desordre estoit grand. Pour ce qui
est des ennemis, il suffit de marquer icy
leur premier giste pour sçavoir quelle
estoit leur confusion. On dit que ce
fut au village d'Estreux à trois lieuës de
Guise, où ils furent se camper le mesme jour : mais que ne s'y trouvant pas

trop aſſurez, & ayant grand beſoin de
ſe rafraiſchir & de ſe refaire de leurs fa-
tigues, ils s'y retrancherent pour ſe
mettre hors d'inſulte : que cependant
les moins haraſſez d'entre eux ne laiſ-
ſerent pas de faire quelques courſes
vers la Capelle, n'eſtant pas en eſtat
de rien entreprendre de plus conſiderable : dans la ſuite nous en appren-
drons des nouvelles plus certaines.

Mais comme le feu eſt le plus actif &
le plus cruel de tous les élemens, il ne
fut pas poſſible d'arreſter plus long-
temps l'ardeur de nos habitans, qui
voyant avec impatience que leurs mai-
ſons brûloient, ſe preſſerent de ſortir
du Chaſteau par les caſemates pour en
éteindre les flammes. Ils ne trouverent
par tout qu'une triſte image du juge-
ment dernier & une repreſentation
épouvantable de l'enfer : la mort, la
puanteur, les ruines, les flâmes, le
deſordre & la confuſion eſtant les ſeuls
objets qui ſe preſentoient à leurs yeux ;
neanmoins la veuë d'un ſi horrible ſpe-
ctacle ne fut pas capable de les empeſcher de ſe ſignaler encore dans pluſieurs petits combats qu'ils furent obli-

gez de donner, & de soûtenir parmi le
desordre & la confusion du pillage de
quelques restes d'une si grande armée.

On parle entre les autres du sieur Bugnate Capitaine de la jeunesse : celuy-
cy estant venu des premiers à sa maison,
à l'entrée du grand fauxbourg, devant
la grande hostellerie de saint Martin,
fut surpris d'en trouver encore quatre,
mangeant & beuvant à sa table & faisant leurs paquets pour s'en aller, (ap-
paramment que ceux-là y avoient trouvé de quoy, & qu'ils avoient peine à
quiter une si bonne auberge) Quoy
qu'il en soit, Bugnate qui sans doute
n'étoit pas content de voir de tels hostes
chez luy, leur ayant demandé, Qui vive ? & eux ayant répondu *Turenne*: il
leur repliqua fierement, *Vive Guise*.
(c'estoit le mot du Guet ,) à ces paroles , l'un deux se jetta sur Bugnate; mais
s'en estant aussi-tost dégagé, il se retira
trois pas en arriere & le tua d'un coup
de fusil ; comme il avoit outre cela un
pistolet à sa ceinture, un autre s'en saisit
& le luy enleva : Bugnate ayant eu l'a-
dresse de se sauver hors de sa maison,
il rechargea en diligence son fusil, &

retournant incontinent fur fes pas, il
en donna au travers du corps de celuy
qui luy avoit ofté fon piftolet ; & fans
perdre temps il le reprit & s'en fervit
pour en tuer un troifiéme. Le quatrié-
me n'en auroit pas eu meilleur marché
s'il n'avoit eu l'agilité de fe fauver,
comme l'on dit, par les goutieres ; quoy
qu'il n'y ait gueres d'apparence qu'il
ait pû aller bien loin fans fe rompre le
col, ou fans trouver quelqu'un qui luy
donnaft fon fait.

Quoy qu'il en foit, on ne peut finir
ce Chapitre du fiege de Guife, & particulierement cette partie qui contient
les grands exploits de valeur qui ont
efté faits pendant dix-fept jours qu'il
a duré, fans rendre l'honneur & la
gloire à ceux qui s'y font diftinguez.

Il fuffiroit de dire que Monfieur de
Bridieu a confervé Guife contre une
armée compofée de toutes les forces
d'Efpagne, pour rendre fon nom & fa
memoire immortelle : mais on ne peut
fe difpenfer fans ingratitude & fans in-
juftice d'ajoûter, pour ne pas donner
lieu de l'attribuer feulement à fa bonne
fortune, que c'eft par fa generofité, par

L iiij

sa conduite & par sa vigilance infati-
gable qu'il a sauvé la Place : en effet il
se trouvoit par tout pour inspirer également la resolution & l'union aux
Officiers & aux soldats : il avoit un extrême soin de secourir les blessez & d'a-
nimer les travailleurs par l'argent qu'il
leur faisoit distribuer : il caressoit ceux
qui le meritoient par leurs belles
actions, & il fournissoit aux uns & aux
autres à ses propres dépens toutes sortes de rafraischissemens : mais princi-
palement il exposoit sa personne aux
moindres occasions, & dans les postes
où le peril paroissoit le plus grand. On
l'a vû pendant le jeu des mines posté
à l'endroit le plus dangereux & le premier sur la bréche la demie picque à
la main : & quoy que l'on sçache bien
que ce qui a empesché l'effet des mines, ç'a esté les contremines & les ca-
semates qui sont dans toute la capacité du Chasteau ; on permettra à un
Historien affectionné de s'imaginer que
ç'a esté la fermeté de Bridieu qui en a
contrebalancé le branle & qui en a
arresté la violence. Montfort ne doit
pas estre separé du sieur de Bridieu en

cet endroit, aprés l'avoir si bien secondé dans la défense de cette Place. C'est assez dire qu'il a conservé ses dehors dont il avoit le commandement. Qu'à cet effet il s'est exposé à mille dangers, qu'il a receu une blessure qui est un témoin irreprochable de sa bravoure ; & qu'enfin Messieurs ses enfans, dont l'aisné est mort au service de sa Majesté le 23. du mois de Juillet de l'année 1677. faisant la fonction d'aide de Camp du Marquis de Boufflers en Alsace dans une occasion de la derniere importance, & les deux autres se distinguent entre les Capitaines des dragons, publient assez hautement la gloire du nom de Montfort.

On ne peut donner de loüanges au Comte de Clermont qui ne soient au dessous de ce que merite la grandeur de ses faits heroïques : & la posterité qui les verra dans l'histoire, en concevra beaucoup plus que l'on n'en sçauroit dire.

Il seroit à soûhaiter qu'on eût connoissance des noms de tous les braves Officiers qui ont servi en ce siege pour les écrire en lettres d'or & en caracteres

ineffaçables : on a déja parlé du ſieur
Haüy de Ratilly qui s'y eſt tant ſignalé,
& à qui ſa Majeſté a donné depuis par
une ſinguliere eſtime la charge de Major du Queſnoy ; mais il ne faut pas
omettre un autre du meſme nom & frere de celuy-là, qui y commença à donner des preuves de ſa valeur en qualité
de Lieutenant dans la Compagnie de
ſon frere, & qui depuis a toûjours ſervi en celle de Capitaine, ſoit au Regiment d'Infanterie de Buſſi-la-Metz,
ſoit au Regiment de Cavalerie de Ville-
roy, & qui porte les marques glorieu-
ſes de ſa fidelité au ſervice de ſon Prince. On a auſſi parlé de Mezilles, de
Clavaux, de Crevant, de Beaulieu,
Guillebant, de Rocquefort, de ſaint
Laurent, de Carantin, Tardet & de la
Verine ; & on n'a pas omis les bravou-
res des ſieurs Marquis de Solies, de
Fienne & de Pont, qui s'eſtant trouvez
heureuſement en cette Place y ont trouvé moyen de ſignaler leur courage : auſſi
bien que le ſieur de Meliſcot Commandant du Regiment Polonois, & le
ſieur de Peſtalozzy Commandant des
deux Compagnies Suiſſes qui y ont

auffi fait des prodiges. Mais entre les
autres Officiers, le fieur de la Plenoye
Gentilhomme du Païs, & premier Capitaine au Regiment de Guife, s'y eft
trop diftingué pour ne pas laiffer fa
memoire en benediction : on dira feulement qu'il s'eft trouvé dans toutes
les belles occafions, & que pendant
dix-fept jours qu'a duré le fiege, commandant le Regiment de Guife, il ne
s'eft pas donné un feul moment de re-
lâche. On peut en dire de mefme du
fieur de faint Germain Capitaine des
portes du Chafteau, dont il a déja efté
parlé, qui y fit des prodiges de generofité, & qui ayant eu la hardieffe de
defcendre dans le puits du Donjon qui
eft d'une profondeur prodigieufe, re-
conut par là l'endroit & la trame des
mineurs. Et quoy qu'on ait déja parlé
avec éloge du fieur du Faux Commandant de Perfan, on ne loüera jamais
affez fon courage qui l'a porté avec une
intrepidité tout-a-fait martiale dans
les plus grands dangers, & dont il
n'eft pas forti fans y avoir efté bleffé
d'une moufquetade à la jambe.

On ne fortira point de Guife pour

dire à la loüange de tous les soldats
qui y ont servi, qu'ils y ont fait paroî-
tre tant de resolution & de joye, qu'ils
sembloient avoir regret de voir ce siege si-tost fini, leur ardeur pour la gloire
faisant qu'ils ne souhaitoient rien tant
que d'avoir toûjours des occasions
nouvelles de se faire considerer.

Tout ce qui a esté dit des belles qualitez de nos braves habitans est plus
que suffisamment justifié dans cette Histoire. Leurs Magistrats ont fait voir
qu'ils sçavoient aussi-bien commander
en guerre qu'en paix : & les Capitaines
des quartiers, qu'ils estoient capables
de garder & de faire observer à leur
bourgeoisie la belle discipline militaire, & de défendre leur Ville contre qui
que ce soit des ennemis du Royaume
qui osast l'attaquer. Entre les autres le
sieur le Févre, habile dans sa profession
d'Advocat qui le faisoit distinguer dans
le Barreau, se fit voir encore plus habile dans le métier des armes : puis que
par ses beaux faits aussi bien que par sa
prestance de General d'armée, il s'est
fait admirer pendant tout le siege.

Enfin tous tant qu'il y en a eu qui y

ont porté les armes ; & ceux mefme à qui, ou la foibleffe ou la caducité de l'âge n'a pas permis de le faire, ont bien fait paroiftre qu'ils fçavoient negliger leurs interefts particuliers, lors qu'il s'agiffoit du bien de l'Etat & de la gloire de leur Prince. On l'a vû dans tout le temps qu'ils ont efté à la défenfe de la Ville & du Chafteau, faifant les fonctions de foldats & expofant leurs perfonnes & leurs vies à mille & mille dangers. On l'a vû dans la refolution qu'ils ont eu de voir mettre le feu à leurs propres maifons, & par leur conftance à les voir brûler par les ennemis plûtoft que de fe rendre à compofition, & mefme d'accepter la neutralité. On l'a vû enfin dans la generofité avec laquelle ils ont partagé leurs vivres & leurs provifions domefti-ques avec les foldats de la garnifon, qu'ils ont fuftentez à leurs frais & dé-pens, fans crainte de tomber dans une fâcheufe neceffité qu'ils pouvoient juftement apprehender ; ce qui d'ailleurs n'eft gueres du genie de la commune bourgeoifie. Le fieur du Mangeot me-rite d'avoir icy fon éloge particulier.

Il se trouva avec ses deux fils Jean &
François dans toutes les belles occasions : mais specialement dans la retraite qui fut faite au Chasteau aprés la
prise de la Ville ; François adroit autant qu'homme du monde & genereux
comme un lyon, fit une action qui ne
peut jamais estre assez estimée. Tous
les habitans estoient en desordre &
en confusion dans la Place qui va de la
Ville au Chasteau, & demeurerent là
pendant plus de deux heures de nuit
exposez à la merci des ennemis, jusqu'à
ce que sur la pointe du jour on put les
faire entrer dans le Chasteau, sans crainte d'y donner entrée aux ennemis : ce
fut en cet endroit qu'ils coururent le
plus grand risque d'estre tous taillez en
pieces, & peut-estre que sans l'adresse
& le courage de ce François ils y seroient tous peris. Voicy ce dont il
s'avisa dans une conjoncture si fâcheu-
se : il grimpa à une fausse-braye qui
estoit de ce costé-là & qui commandoit
sur les avenuës de la Place, & y ayant
fait monter aprés soy une cinquantaine
des plus braves & des plus resolus de
la bourgeoisie, ils firent un si grand

feu fur les ennemis qu'ils les empefche-
rent d'avancer, & de venir fondre fur ces
pauvres habitans : action trop brave &
trop genereufe pour ne pas immorta-
lifer le nom de du Mangeot dans le
triomphe de la Ville de Guife, & pour
ne pas faire fçavoir à la pofterité que
les enfans de cette race n'ont point dé-
generé de la bravoure de leur pere, qui
penfa perdre la veuë par le funefte effet d'un boulet de canon, qui luy remplit tellement les yeux de terre qu'il
demeura trois jours fans en avoir l'u-
fage. C'eft luy qui depuis le fiege a
laiffé à fa famille les principaux memoires de cette Hiftoire.

Mais il ne faut pas oublier non plus
les grands fervices qu'a rendu à la Ville en cette occafion le fieur Triftan de
Muyfon, dont le nom eft affez connu
par le merite perfonnel de Meffieurs
fes enfans, plufieurs defquels fe font
fignalez au fervice de fa Majefté dans
des poftes tout-à-fait honorables. Entre les autres, il y en a eu un qui fut
tué au fiege de l'Ifle aprés trente années de fervice, eftant Capitaine dans
le Regiment des Dragons du Roy : &

le Chevalier de Muyſon qui eſt aujourd'huy Lieutenant Colonel du meſme Regiment, & qui depuis plus de vingt-cinq ans s'eſt trouvé dans tous les combats d'importance, où meſme il a eſté bleſſé en deux occaſions differentes, peut paſſer pour un des Heros de ce regne, & doit eſtre eſtimé un des plus vaillans Capitaines du monde. Pour Monſieur l'Abbé de Muyſon ſon frere, Archidiacre & Chanoine de Reims, il s'eſt rendu ſi recommandable par ſa pieté, par ſa ſcience & par ſon zele pour la belle diſcipline de l'Egliſe, qu'il eſt au deſſus de tout ce qu'on en peut dire.

Il faut donc ſçavoir que le ſieur Triſtan, pere de ces Meſſieurs, s'eſtant trouvé par occaſion auprés de Monſieur de Bridieu pendant le ſiege, il l'aſſiſta toûjours de ſes conſeils, de ſes biens & de ſa propre perſonne: qu'il ſe trouva dans toutes les occaſions où il donna des preuves éclatantes de ſon zele pour la conſervation de la Place. & de ſa fidelité au ſervice du Roy. Qu'eſtant homme intelligent & bien entendu dans l'économie des vivres,

par

par la longue experience qu'il s'eftoit
acquife dans la charge de Commiffaire,
comme à la conftruction du Fort Louïs
devant la Rochelle, au fiege de cette
Place, à celuy de Corbie, au paffage
de Bray, & en plufieurs autres occafions importantes, il fut prié par le fieur
de Bridieu de vouloir prendre ce mefme foin pendant ce fiege ; ce qu'il exe-
cuta avec tant de prudence & de diligence que rien ne manqua ni aux habitans ni aux foldats, qu'il y eut abondance de toutes chofes , & que durant
le fiege on fit auffi bonne chere que
l'on auroit pû faire au milieu de la paix.

Prévoyance admirable qui peut affu-
rément luy meriter le beau titre de Pere du peuple, que plufieurs grands Mo-
narques ont preferé à celuy de Roy &
d'Empereur : & quand on diroit que
par ce moyen il a contribué à la confervation de la Place autant que pas
un autre, peut-eftre que l'on ne diroit
pas trop pour reconnoiftre les fervices
qu'il a rendu à cette Ville , quoy qu'il
n'en fût pas natif.

Pour ce qui eft de Monfieur le Marefchal du Pleffis-Pralin & de tous les

braves de son armée, il n'est pas temps
d'en finir les éloges : on sçait déja assez
combien de part ils ont dans la glorieuse resistance de ceux qui ont soûtenu ce siege : mais on en apprendra encore d'autres particularitez éclatantes
dans le troisiéme Chapitre de cette Histoire , où nous allons parler de ce qui
s'est passé de memorable dans la levée
du siege de Guise.

CHAPITRE III.

Ce qui est arrivé de memorable dans la
levée du siege de Guise.

ON a pû remarquer dans le premier
Chapitre de cette Histoire l'importance de l'entreprise de ce siege, par
rapport à l'assiette de la Place, aux forces de l'armée qui l'a assiegée, & à la
conjoncture du temps que cette entreprise s'est faite. On vient de voir dans
le second combien glorieuse est la resistance de ceux qui ont soutenu ce siege, par les considerations que l'on

pû faire sur la foiblesse de la Place, sur
le peu de monde qu'il y a eu à la défendre, & enfin sur la longueur du temps
que les ennemis y ont employé inuti-
lement, & les grands exploits de valeur qui y ont esté faits. Mais voicy ce
qui est arrivé de memorable dans la levée de ce mesme siege, avec quoy on
prétend en finir l'Histoire.

1. On verra que l'Espagne y a trouvé
sa ruine, sa désolation & sa perte irre-
parable.

2. Que la France y a rencontré son
salut & son bonheur.

3. Que c'est un coup du ciel & comme
un miracle de la toute-puissance de
Dieu.

LA RUINE DE L'ESPAGNE
dans la levée du siege de Guise.

PRemierement, il ne faut pas douter
que l'armée ennemie ne se soit trouvée extrêmement affoiblie à la levée
du siege de Guise, soit par le grand
nombre de ceux qui y ont esté tuez ou
qui y sont morts de maladie ou de

leurs blessures, soit par celuy des
prisonniers, & peut-estre encore plus
par la quantité des deserteurs, qui ne
firent point de difficulté d'abandonner
un parti qu'ils voyoient tomber en ruine. La premiere relation qui a esté faite de ce siege les a fait monter à la huitiéme partie de cette grande armée;
mais une posterieure qui a esté plus exa-
Éte, & faite par des personnes qui en
estoient mieux informez, les a estimez
à une cinquiéme partie, & jusqu'au
nombre de huit mille hommes.

Quoy qu'il en soit : ce que nous ap-
prend l'Histoire : c'est qu'il y avoit
dans le Chasteau quatorze pieces de
canon, dont six estoient flanquées sur
la Tour, & huit autres braquées sur
les bastions & les rampars, qui ne ces-
serent de tirer pendant dix-sept jours de
siege, & qui ne tiroient presque jamais
à faux. Qu'il se fit pendant tout ce
temps un feu continuel sur les ennemis, soit de la mousqueterie, soit de
bombes, de grenades & d'autres feux
d'artifices qui estoient jettez de tous les
endroits du Chasteau. Qu'il n'y eut
quasi point de jour qu'il ne se fist plu-

fieurs forties le matin & le foir, tantoft d'un cofté & tantoft de l'autre,
& avec des manieres toutes differentes:
ce qui ne caufoit pas peu d'étonnement
dans l'efprit des affiegeans qui pen-
foient que la Place eftoit toute pleine
de cavalerie , & qu'ils avoient efté
trompez par leurs efpions qui leur
avoient rapporté le contraire. Nos
gens ne revenoient gueres de ces ex-
peditions , fans amener avec eux des
prifonniers , & fans avoir fait bien du
carnage. Que les combats qui fe firent
tant du cofté du pont qu'à la porte de
Chanteraine , & à la contrefcarpe du
foffé du Chafteau furent rudes ; & enfin que l'armée du Roy fous les ordres
du Marefchal du Pleffis-Pralin, leur fit
fi bonne guerre à la campagne & dans
les bois, que l'on ne peut pas dire le
nombre qu'elle a fait perir dans les
partis.

Mais voicy ce qui eft de notorité publi-
que. Que les habitans eftans fortis du
Chafteau aprés la levée du fiege, ils trouverent dans leurs maifons, dans les foffez
de la Ville & dans les ruës tout plein de
corps morts ; de forte que l'on ne pou-

voit pas aller dix pas fans en rencon-
trer, les ennemis n'ayant pas eu le loifir
de les enterrer tant leur retraite avoit
efté précipitée. Que dans leurs lignes &
leurs tranchées on trouva un nombre
incroyable de morts & de moribonds
ce qui faifoit un fpectacle hideux à
ceux mefmes à qui ils venoient de faire
tant de mal : car tout retentiffoit des
cris lamentables de ceux qui ne faifant que languir de leurs bleffures
mortelles, demandoient comme une
grande grace que l'on achevaft de les
tuer. La perte de tant d'hommes ne
fut pas encore leur plus grand malheur.

On fçait que les plus grandes forces
venant à eftre defunies, deviennent la
foibleffe mefme ; & c'eft ce qui eft arrivé à l'armée ennemie.

Ils avoient jufqu'àlors fait un grand
fonds fur les troupes Françoifes qu'ils
avoient attiré à leur parti : mais ce n'é-
toit plus cela : ils en avoient pris une
telle défiance à ce fiege qu'ils n'ofoient
plus les faire fervir fans de tres-gran-
des précautions. Les Allemans gron-
doient affez fort pour faire entendre

leur mécontentement de les avoir té-
merairement engagez dans une entreprise si peu honorable aux Aigles de
l'Empire : les Lorains estoient comme
dans le desespoir de se voir frustrez
des grandes esperances qu'on leur avoit
fait concevoir qu'ils seroient bien receus dans Guise ; & les Espagnols n'é-
toient pas plus contens que les autres
voyant leur extrême misere accruë, au
lieu des paroles qu'on leur avoit donné, qu'ils se feroient riches à jamais
par la prise de cette Place, d'où ils devoient passer jusques dans le cœur de
la France.

Il ne faut donc pas s'étonner, si à la
sortie de la Ville tout ce qu'ils purent
faire, fut d'aller camper à trois lieuës de
là & de s'y retrancher, pour se donner
le temps de reprendre haleine, de ramener les esprits & de rafraischir leurs
corps.

Il est vray qu'au sortir de ce poste, ils
furent prendre la Capelle, Vervins,
Mouzon, Chasteau-Porcien & Rethel,
& qu'ils firent beaucoup de degasts
dans la Champagne : ce qui tourne encore à la gloire de Guise, d'avoir ainsi

resisté à cette armée & à toutes ses forces, pendant que tant d'autres places
ont esté obligées d'y succomber, quoy
qu'elles fussent diminuées de la maniere que nous avons dit.

Mais il faut avoüer que l'Espagnol
joüoit alors de son reste, & qu'avant
que de tomber tout-à-fait il couroit
de costé & d'autre comme un taureau,
lequel apres avoir receu le coup de massuë sur la teste, venant à rompre l'an-
neau où il estoit attaché, ne laisse pas
quelquefois de faire bien du desordre
sur ceux qui s'en donnent le moins de
garde : ou comme un vaisseau qui venant à se briser contre un rocher par
un coup de mer ou de vent impetueux,
ne s'abysme pas toûjours tout d'un
coup, mais est quelquefois rejetté sur
d'autres bastimens voisins qu'il abysme
avant que d'estre abysmé luy-mesme.
On ne doit point faire de difficulté de
le dire, puis que c'est la verité, que l'Espagnol a receu le coup de massuë au
siege de Guise : car il a beau se debat-
tre, il faut qu'il succombe & qu'il tombe par terre. Il a échoüé contre ce rocher, on a beau faire pour le sauver,

l'eau

l'eau y entre de toutes parts, il ne peut
se garantir du naufrage; & il semble
n'attendre plus que le bras du Mareschal du Plessis-Pralin pour recevoir son
dernier échet, & soûmettre sa fierté na-
turelle à la bravoure de l'armée Françoise. C'est ce que nous allons faire
voir en peu de mots.

Pendant que l'armée ennemie donnoit à droite & à gauche dans la Champagne, profitant de l'éloignement du
Roy qui estoit allé à Bordeaux, la nôtre observoit ses démarches, & attendoit l'occasion favorable de pouvoir
s'en venger & avoir son tour. La Ville
de Rethel estoit le theâtre où se devoit
joüer & terminer la Scene. L'Archiduc
Leopol & le Mareschal de Turenne l'a-
voient assiegée le 14. d'Aoust aprés la
levée du siege de Guise avec trente
mille hommes, & avoient employé une
semaine à la battre, quoy qu'il ne s'y
trouvast gueres d'autres gens pour la
défendre que les habitans de la Ville &
quelques païsans qui s'y estoient refugiez : de sorte que ceux-cy, aprés la
mort du Marquis de Conflans Commandant de la Place, qui eut les deux

N

cuisses emportées d'un boulet de canon, se virent contraints de capituler
& de se rendre aux conditions honorables qu'on leur offrit. Les Espagnols
faisoient grand cas de cette Place, comme d'une frontiere de la Champagne,
& le sieur Delponty qui y fut mis Gouverneur, n'épargna rien pour la mettre
plus en estat de défence qu'elle n'estoit.
Cela dura prés de quatre mois.

Enfin le Roy estant revenu de Guyenne où il estoit allé pacifier cette Province, & dissiper les factions que l'Espagne y entretenoit; le Mareschal du
Plessis-Pralin receut un renfort de quelques troupes que sa Majesté avoit ra-
mené de ce costé-là, & ainsi fut inve-
stir cette Ville dans une saison fort a-
vancée, sçavoir le 9. de Decembre.
Quelques redoutes furent gagnées d'a-
bord, puis on attaqua un fauxbourg
qui fut pris avec une demi-lune qui dé-
fendoit la Place : & comme on eut re-
marqué une porte qui n'estoit point
terrassée, on ne tarda gueres à la battre
& à l'emporter : ainsi les assiegez qui
n'avoient plus qu'une petite Tour pour
toute défense demanderent à capituler

&enfortirent environ mille hommes de pied avec trois cens hommes de cheval. Tout cela fut expedié avec tant de diligence en dix jours, par la conduite de ce brave General d'armée, que le Marefchal de Turenne & Dom Eftevan de Gamarre qui venoient au fecours des affiegez, ne purent jamais arriver affez à temps.

Cependant ce n'eftoit rien fait que d'avoir repris la Ville de Rethel, à moins que de défaire l'armée Efpagnole; Car rien ne l'auroit empefché de continuer fes ravages dans le païs, de defoler toute la frontiere, & d'aller donner l'allarme jufques dans Paris. Ces raifons firent prendre refolution au Marefchal de chercher la bataille; quoy que ce fût beaucoup hazarder dans l'eftat où étoient les affaires du Roy. Le Cardinal Mazarin qui eftoit pour lors à l'armée, faifant fes fonctions de Premier Miniftre d'Etat fous les Commandemens du Roy & de la Reine Regente, donna auffi fes ordres bien à propos à tous les braves de la Province dont il connoiffoit la valeur, de fe trouver à cette occafion; & l'on fçait

N ij

bien que plusieurs prirent la poste pour y arriver assez-tost : & qu'il y en eut quelques-uns qui ne s'en sont pas retournez. Les Espagnols venoient avec toutes les forces qu'ils avoient pû assembler, & en disposition aussi de donner bataille à quelque prix que ce fust.

Le Mareschal alla au devant & les rencontra dans la plaine de Grand-Champ à quelques lieuës de Rethel, où l'envie reciproque d'en venir aux mains, fit aussi-tost sonner les trompettes & battre les tambours de part & d'autre, & c'est icy que l'on peut voir combien est terrible le jeu de la guerre.

Le Mareschal du Plessis-Pralin avoit dans son armée, outre les Lieutenans Generaux dont il a esté parlé si glorieusement au siege de Guise, le Comte du Plessis son fils, Mestre de Camp d'un Regiment d'Infanterie, le Chevalier de Monteclair Gouverneur de Doulens, le Comte de Navaille Gouverneur de Bapaume, le Marquis de Castelnau Gouverneur de Brest, le Comte de Broglio Gouverneur de la Bassée, les sieurs de Bougy & d'Eclinvilliers, l'un & l'autre Mestres de Camp d'un Regiment de Cavalerie , avec Milord d'Igby Anglois, & le sieur Duval Irlandois, tous Mareschaux de Camp ; & tous gens d'un merite singulier.

Voicy en peu de mots quel fut l'ordre & le succés de cette fameuse bataille.

L'aisle droite de l'armée du Roy qui estoit beaucoup inferieure en nombre à celle des ennemis, avoit à sa premiere ligne quinze escadrons de Cavalerie Françoise, & estoit soûtenuë à la seconde ligne par les troupes Allemandes. La premiere ligne de l'aisle gauche estoit composée de quatorze escadrons de Cavalerie aussi Françoise , soûtenus à la seconde ligne par neuf escadrons de la mesme nation. Et à chacune de ces aisles estoient cinq cens Mousquetaires separez en plotons.

La premiere ligne d'Infanterie estoit composée de six bataillons : la seconde ligne de cinq : & dans l'intervalle de ces deux lignes d'Infanterie il y avoit deux escadrons de Cavalerie.

Le corps de reserve composé de deux escadrons & de deux bataillons estoit derriere cette seconde ligne.

N iij

Le Mareschal de Turenne fit le premier mouvement, & en mesme temps
le Mareschal du Plessis-Pralin qui s'é-
toit placé à la premiere ligne entre le
dernier escadron de l'aisle droite s'a-
vança avec toute l'armée pour le recevoir, & ne tarda gueres à faire ployer
l'aisle gauche des ennemis & à en mettre une partie en fuite : mais le combat
fut plus opiniâtré à l'aisle droite : les
escadrons de la premiere ligne des ennemis ayant joint ceux de la nostre, furent assez long-temps avant que de tirer : aprés neanmoins avoir bien mar-
chandé, jusques-là que les chevaux se
heurtoient la teste les uns contre les autres, ils firent les premiers leurs décharges, parce que les nostres avoient
ordre de ne pas tirer, quoy que cela ne
se put pas faire sans la perte de plusieurs bons Officiers & Cavaliers : mais
cette perte ne servit qu'à animer davantage les autres, qui fondant à toute outrance sur les ennemis, les mirent
dans la derniere confusion.

Nos escadrons les plus proches de l'Infanterie, auprés desquels se trouvoit
le Mareschal du Plessis, aprés avoir re-

fté aux efforts des ennemis & s'eftre
opiniâtrément attachez au combat, furent enfin contraints de ceder au plus
grand nombre, ayant toutefois employé un tel effort à leur refiftance,
qu'ils obligerent une partie de la feconde ligne des ennemis, de venir au
foûtien de la premiere. Mais les nô-
tres eftant rompus il falut travailler à
les rallier : ce qui fut fait fort heureu-
fement & fans que les ennemis en puif-
fent tirer aucun avantage, ceux de la
feconde ligne ayant efté chargez fi vivement par huit efcadrons de noftre
Cavalerie, qu'ils furent contraints de
fe retirer eux-mefmes en defordre.

Cependant les ennemis s'eftant ral-
liez auprés des deux autres efcadrons
des leurs qui venoient foûtenir ceux
qui avoient efté rompus, ils s'avancerent de nouveau vers noftre Infanterie
qui fe trouvoit encore dénuée de Cavalerie; mais elle ne laiffa pas pourtant
de faire paroiftre tant de refolution, de
fermeté & d'opiniâtreté, que malgré
tous les efforts de la Cavalerie ennemie
elle ne put jamais eftre enfoncée : au
contraire elle fit toutes fes décharges

à brusle pourpoint, tournant à droit &
à gauche, avec une audace qui crois-
soit à mesure que les ennemis faisoient de plus grands efforts pour la
rompre.

Durant ce temps-là, le Mareschal
agissoit derriere l'Infanterie pour rallier de nouveau les escadrons de Cavalerie, qui aprés avoir tant de fois chargé les ennemis & poussé le Mareschal
de Turenne dans sa retraite, estoient
neanmoins en quelque desordre : ce
qu'ayant fait il alla fondre sur deux
escadrons de Cavalerie & sur deux bataillons d'Infanterie qui estoient restez
en corps ; mais ce fut avec tant de furie qu'il ne fit que se joüer pour les défaire & les tailler en pieces.

Enfin les ennemis se voyant poussez
à bout, firent faire par desespoir &
pour leur dernier effort, une decharge
de tous leurs canons chargez de Car-
touches, qu'ils avoient menez à la teste
de leurs bataillons, ce qui causa la perte de quelques-uns de nos Officiers &
soldats; mais ne put aucunement ébranler les nostres; de sorte que la Cavalerie ennemie ne voyant plus de ressource

à son malheur, prit le parti de la
fuite ayant toûjours la nostre à ses
trousses; & l'histoire porte qu'ils en
furent poursuivis avec tant de vigueur, que la pluspart perirent dans
les bois, & plusieurs furent noyez
dans la riviere d'Aisne. Pour leur Infanterie aprés avoir fait une derniere
décharge, elle demeura toute entre les
mains & à la merci de la nostre, avec
le champ de bataille; une grande partie
ayant esté passée au fil de l'épée, les autres ayant esté faits prisonniers de guerre, & le reste ayant pris parti dans nos
troupes étrangeres.

C'est un abbregé de la relation de la
bataille de Rethel que le Mareschal du
Plessis-Pralin envoya en Cour, mais
qu'il faut dire avoir esté une victoire
des plus signalées & des plus entieres
qui se soient remportées de ce siecle,
quoy que nostre armée eust ce desavan-
tage d'avoir moins de Cavalerie de la
moitié que celle des ennemis. Ils y
perdirent toute leur artillerie qui estoit
de huit pieces de canon, leurs munitions de guerre, leur bagage, leurs
timbales, vingt-quatre enseignes d'In-

fanterie, dont il n'y en avoit qu'une dans la plufpart des Regimens ennemis,& quatre-vingts quatre Cornettes de Cavalerie.

De quatre Officiers Generaux qui commandoient leur armée, nous fiſmes priſonniers Dom Eſtevan de Gamarre Commandant les troupes Eſpagnoles,& Generaliſſime de l'armée pour le Roy d'Eſpagne ; & le ſieur Chevalier de Fauge l'un des Generaux de l'armée du Duc de Lorraine. Le Comte de Ligni-ville qui étoit auſſi General Lorrain y fut bleſſé ; & le Mareſchal de Turenne, ce Heros qui n'a jamais reculé pendant qu'il a combattu ſous les étandars de la France, & dont toutes les démarches ont eſté autant de victoires contre les ennemis de cet Etat, ſe vit obligé de s'enfuir à toute bride avec quarante chevaux ſeulement du coſté de Bar. Tout le reſte des Colonels tant de Cavalerie que d'Infanterie y furent tuez ou faits priſonniers, à la reſerve de deux ſeulement qui ſe ſauverent, que l'on dit avoir eſté les Comtes de Boſſu & de Reens.

Il eſt vray que la joye de cette victoire

fut moderée par la perte du Comte du
Pleſſis-Pralin fils du General de l'armée, qui valoit autant que dix mille
autres pour ſa perſonne, & qui fut tué
de deux coups de piſtolet dans la mé-
lée, avec les ſieurs d'Alüy Mare, du
Vval & Courval Mareſchaux de camp,
qui y perdirent la vie en faiſant des
actions dignes d'une memoire eter-
nelle.

On regrete pourtant moins ce genre
de mort que tout autre : parce que c'eſt
mourir au lit d'honneur que de mourir
en triomphant des ennemis de ſa patrie,
& il n'y a pas un de nos braves qui ne
s'eſtimaſt heureux d'un pareil ſort, &
qui ne fiſt gloire de donner juſqu'à la
derniere goutte de ſon ſang pour le
ſervice de ſon Prince : on l'a vû au ſiege de Guiſe ; on l'a vû à la bataille de
Rethel ; on l'a vû en mille autres rencontres : & il faudroit des volumes en-
tiers pour faire les éloges de chacun de
ceux dont on vient de parler.

Je diray ſeulement que le ſieur d'E-
clinvilliers fit un coup de hardiſſe tout
à fait extraordinaire, pour dégager le
ſieur Roſe qui avoit eſté enveloppé des

ennemis pendant qu'il les pourfuivoit
dans leur retraitte de devant Guife. Ce
vaillant Capitaine fuivi de peu des
fiens, s'en alla tefte baiffée comme un
foudre de guerre fondre fur un gros de
Cavalerie de plus de cinq cens hommes,
& les mit tellement en defordre, qu'il
eut le moyen en leur enlevant leur
proye, de fauver la vie, ou au moins de
procurer la liberté au genereux Rofe,
que la grandeur de fon courage avoit
pouffé jufques dans le plus fort des ennemis. Mais ils ne devoient pas eftre
furpris de cette bravoure : d'Eclinvilliers ne fçavoit faire que des coups de
cette force. Ils pouvoient fe fouvenir
de la bataille de Rocroy où il luy en
avoit coufté une jambe, outre un grand
coup de piftolet qu'il y receut à la tefte,
dont il portoit encore une marque glo-
rieufe ; mais qu'il leur avoit bien fait
payer avec ufure : outre l'eftime qu'il y
acquift dans l'efprit du Roy & de la
Reine Regente qui luy firent donner
mille piftolles de gratification, en attendant une recompenfe qui pût eftre
proportionnée à fes merites. Il eftoit
natif de Roye fur la frontiere de Picar-

die, & petit fils d'un pere à qui ſes ſervices avoient merité le Gouvernement
de cette Ville, pendant le plus fort de
la guerre. Je diray encore à la gloire
du ſieur de Bougy , que les ſervices
qu'il a rendus à Guiſe ne peuvent jamais eſtre aſſez eſtimez : il demeura avec
ſon Regiment de Cavalerie une ſemai-
ne entiere dans les bois, entre Guiſe ,
Landrecis & Avennes, où il batit les
ennemis en pluſieurs partis & en fit
bon nombre de priſonniers ; & pour
finir ſon éloge, j'ajoûteray qu'il acheva
de ruiner les reſtes du parti ennemi ,
forçant la garniſon de Chaſteau-Por-
cien de ſe rendre à diſcretion aprés la
bataille de Rethel.

C'eſt ainſi que la ruine de l'Eſpagne
s'eſt trouvée jointe à la levée du Siege de
Guiſe. Elle n'a pû s'en relever depuis
ce temps-là , & Dieu aidant elle ne s'en
relevera jamais.

Mais il faut en rendre l'honneur à
qui il appartient : & l'on ne peut nier
ſans la derniere injuſtice & ſans ingratitude, que c'eſt l'illuſtre Mareſchal du
Pleſſis-Pralin , qui a la plus grande part
dans les exploits de valeur qui ont eſté

faits dans son armée; & personne ne
doit envier l'honneur que l'on fait à
sa memoire de luy élever un trophée
de gloire sur les ruines de l'Espagne:
un des Generaux de l'armée qui fut fait
prisonnier à la bataille de Rethel luy en
fit le compliment, & luy dit entre autres choses, que ce n'estoit pas sans raison qu'on l'appelloit Prudent, qu'illes
avoit laissé courre toute la campagne,
mais qu'il les avoit enfin attrapez sans
courir; mais il faut faire voir que la
France a rencontré son salut & son
bonheur dans la levée du siege de
Guise.

Le salut de la France dans la levee du siege de Guise.

QUoy que la France soit une Monarchie si bien établie, qu'à parler selon le cours ordinaire des choses
humaines, il n'est pas possible que jamais elle tombe en ruine : & que Guise semble faire une partie trop peu considerable dans l'Etat pour donner lieu
de penser que de sa perte ou de sa con-

servation puisse dépendre le salut ou la desolation du Royaume. Neanmoins comme on a vû des vaisseaux qui sembloient faire trembler tout l'Ocean, perir par le défaut d'un cheville, l'eau y estant entrée insensiblement, & les ayant fait couler à fonds. Comme on a vû des forests toutes entieres reduites en cendres par une éteincelle de feu, & de grandes Villes perduës par la surprise d'une seule porte : je ne croy pas avancer une chose tout-à-fait improbable en disant, que la France estoit perduë si l'Espagnol avoit emporté Guise, & que Guise a sauvé la France en faisant lever le siege à l'Espagnol : cela dépend des circonstances & des conjonctures que je vas faire remarquer.

1. Il faut se persuader que de tout temps l'Espagne a concerté, medité & conspiré la ruine de la France ; & que quelque paix qu'on ait pû faire avec elle, elle n'est jamais revenuë de cette manie. 2. Qu'elle n'a jamais cru avoir une plus belle occasion de venir à bout de ses pernicieux desseins que dans le temps qu'elle a fait son entreprise sur Guise. 3. Que si Guise s'estoit renduë

dans la conjoncture des choses, & dans
l'estat où estoient les affaires du Royaume, il est tout évident que la France
auroit couru grand risque de tomber
en de grandes extremitez; & c'est assez
pour dire que la France a rencontré son
salut dans la levée du siege de Guise.

On n'a que trop de preuves des desseins de l'Espagne contre la France; il
n'est pas necessaire de s'en expliquer
davantage. On a pû remarquer dans
cette Histoire, que les affaires du
Royaume estoient sur un fort mauvais
pied au temps du siege de Guise; qu'il
y avoit des soûlevemens dans les Provinces, des pratiques factieuses avec
les ennemis, & des partis tres-puissans
à soûtenir & dedans & dehors. A quoy
il faut ajoûter qu'il se trouvoit fort peu
d'argent dans les coffres du Roy, &
peu de gens de guerre sur pied. D'ailleurs il est constant que l'Espagnol
estoit puissant, & que depuis le commencement de la guerre les ennemis
n'avoient jamais esté si forts en campagne: que Guise estant pris, l'armée
victorieuse s'en alloit comme un torrent impetueux jusqu'aux portes de Paris

ris fans trouver de refiftance ; & peut-
eftre qu'à l'exemple des troupes Françoifes & des Commandans de la mefme nation qui y eftoient, d'autres encore auroient pû fe débander & prendre
parti avec eux. C'eft auffi ce qui fit conclure au Marefchal du Pleffis-Pralin
dans un confeil de guerre où fe trouva
le Cardinal Mazarin, qu'il falloit hazarder la perte de l'armée du Roy, plûtoft
que de laiffer faire aux ennemis une
conquefte fi préjudiciable à l'Etat.

Et c'eft fur toutes ces confiderations
que l'on dit que Guife a fauvé la France. Voicy ce qu'a fait Guife en refiftant
à l'armée d'Efpagne. Guife a arrefté cet
ennemi qui alloit ravager la France.
Guife en refiftant comme elle a fait ,
a donné temps à la France de s'oppo-
fer aux deffeins pernicieux d'un ennemi
pour lors fi redoutable. Guife faifant
lever le fiege à l'Efpagnol, a obligé les
Provinces foûlevées de fe remettre à
leur devoir, & a donné moyen au Roy
d'aller diffiper par fa prefence les factions qui fe braffoient fur les frontieres de l'Efpagne.

Quoy qu'il en foit, il eft certain que

O

ç'a esté le sentiment de la Cour, comme
on pourra en mieux juger par ce que
je vas dire.

Le Roy attendoit avec impatience
des nouvelles du siege de Guise, pour
faire ou ne pas faire le voyage de Bordeaux, où sa presence estoit si necessaire
pour remettre les affaires qui estoient
alors en tres-mauvais estat : jamais nouvelle n'apporta plus de joye à la Cour
que celle de la levée de ce siege: & dés le
lendemain sa Majesté partit pour son
voyage.

La nouvelle de la levée du siege de
Guise fut apportée au Roy , tant de la
part du Mareschal du Plessis-Pralin, qui
fit partir aussi-tost en poste le sieur de
Joüy Lieutenant de ses Gardes , que de
la part de Monsieur de Bridieu, qui
envoya le sieur de Montfort qui estoit
informé plus que personne du monde
de toutes les particularitez de cette
grande action.

Montfort estant arrivé à Paris, &
s'estant rendu au Palais Royal, ou estoit
alors la Cour, sur les trois heures
aprés midy, fit au Roy en presence de
la Reine, du Cardinal Mazarin & de

Monsieur le Tellier, le récit de tout ce
qui s'estoit passé à ce fameux siege. Sa
Majesté l'entendit depuis un bout jusqu'à l'autre sans l'interrompre aucunement dans son discours, & le regar-
dant toûjours fixement : puis le Roy
tirant sa main gauche de son gand pour
la luy donner à baiser, la Reine lui dit:
Montfort, le Roy te veut donner sa main
à baiser, pour te marquer la satisfaction
qu'il a de tes services & de ceux de Bri-
dieu, & de tous ceux qui ont servi à la
défense & au salut de la Ville de Guise.
Et à l'instant Montfort mettant le ge-
noüil en terre, prit la main de sa Majesté & la baisa avec toute la tendresse
& le respect possible. L'on peut juger
de là des sentimens de la Cour sur la levée du siege de Guise.

Le lendemain matin le Roy partit
pour aller coucher à Fontaine-bleau,
d'où sa Majesté devoit prendre la route de Guyenne. Montfort suivit la Cour
par le Conseil de Monsieur le Cardinal,
qui l'assura que le Roy ne manqueroit
pas de luy donner ses ordres avant son
Voyage, & des preuves encore plus
sensibles de sa parfaite satisfaction.

O ij

Sa Majesté commença ses gratifications par le sieur de Bridieu, à qui elle fit expedier un Brevet de deux mille écus de pension à prendre sur l'Election de Guise: il est marqué exprés dans ce Brevet, que c'est en reconnoissance de sa valeur & des services qu'il luy avoit rendus en la défense de cette Place. Et pour luy faire connoistre plus sensiblement combien elle estoit satisfaite de luy & de tous ceux qui avoient secondé son courage, Elle luy fit l'honneur de luy en écrire de sa propre main, avec des demonstrations de bonté toutes extraordinaires; sa Lettre estoit dattée de Fontaine-bleau le 7. Juillet 1650. & il en sera fait mention cy-aprés. La Reine prit la peine de luy écrire en mesme temps dans les termes les plus obligeans du monde, dont voicy la teneur.

MONSIEUR DE BRIDIEU,

La genereuse resistance que vous avez faite aux ennemis

qui vous avoient assiegé est si
avantageuse à l'Etat, & la levée du siege si honteuse pour eux,
que je ne puis differer davantage à vous témoigner par ces lignes de ma main la satisfaction
que j'en ay, & à quel point j'e-
stime vostre vertu & vostre
courage. Certainement une a-
ction comme celle-là ne peut
estre ni assez loüée ni trop bien
reconnuë. Assurez-vous que je
n'en perdray jamais le souvenir,
& que je n'auray point l'esprit
content que je ne vous aye donné des marques de mon affection
qui soient proportionnées au ressentiment que j'en conserve. Cependant je prie Dieu qu'il vous
aye, Monsieur de Bridieu, en

sa sainte garde. Signé ANNE.
A Fontaine-bleau le 7. *Iuillet*
1650.

Monsieur le Duc d'Orleans oncle de
sa Majesté, fit aussi l'honneur au sieur
de Bridieu de luy écrire dans les mesmes sentimens de la Reine.

Monsieur le Cardinal Mazarin luy
écrivit aussi sur le mesme sujet, & on
ne sera pas fâché d'apprendre de luy
mesme la satisfaction qu'il en receut,
Voicy sa Lettre en propres termes.

MONSIEUR,

La nouvelle joye que j'ay eu
d'apprendre l'affront que les en-
nemis ont enfin receu devant vô-
tre Place, dont ils ont esté con-
traints de se retirer, non seule-
ment avec honte, mais avec

grand préjudice pour le deperis-
sement de leur armée, a esté de
beaucoup accruë par vostre consideration particuliere, & par
la gloire que leur entreprise vous
a donné lieu d'acquerir : comme
j'ay toûjours eu pour vostre personne une affection égale à l'estime que chacun en doit faire, je
ne sçaurois vous exprimer combien j'ay esté touché de la part
que vous avez à ce grand succés : car enfin l'Histoire n'apprendra point à la posterité que
Guise a esté sauvée, qu'elle ne
dise en mesme-temps que c'est
vous qui l'avez défenduë avec
tout le courage, tout le zele &
la prudence qui estoit à desirer
dans une occurrence si pressante

& si importante au bien de l'E-
tat. La Reine vous en a voulu témoigner son ressentiment
par une lettre de sa main. Pour
mon particulier je vous prie d'e-
stre assuré, que quoy que je m'é-
loigne presentement de vous, je
ne vous auray pas ni vos services moins presens à la memoire; cependant j'ay parlé de sorte
à Monsieur le Tellier qui est
icy, pour ce qui regarde vos interests & vos satisfactions, que
vous estimant beaucoup d'ailleurs, je suis assuré qu'il en prendra tout le soin que vous pouvez
souhaiter. Sa Majesté est presentement informée de quelle
maniere les habitans de Guise

ont

ont signalé leur Zele & leur
courage en cette rencontre, ie
leur écris en mon particulier pour
leur témoigner la passion avec
laquelle ie m'employeray pour
leurs avantages, non seulement
en general, mais pour les particuliers, la Reine desirant estre
informée de ceux qui ont le plus
perdu, afin de leur faire des
graces personnelles qui les en dé-
dommagent en quelque façon.
Ie n'ay point esté surpris d'apprendre de quelle sorte se sont
conduis les Officiers du Regiment de Persan dans ce siege,
puis que ce sont gens qui ont toûjours également bien fait par
tout, & de qui on ne doit rien

attendre de mediocre. Vous les
pouvez assurer de ma protection
pour tout le corps & pour eux
en particulier, dont je seray tres-
aise d'avoir occasion de leur faire recevoir des effets. Sa Majesté a ordonné une pension au
sieur de Faux qui le commandoit, en attendant qu'elle fasse
quelque chose de plus solide pour
luy. Elle n'oubliera pas aussi le
sieur de Laloy, le Major des Polonois, ni le Lieutenant de Salis,
& elle fera paroistre au Marquis de Solies la reconnoissance
qu'elle a du service que vous te-
moignez qu'il a rendu en cette
rencontre. Pour le sieur de
Montfort, il y a long-temps

que je souhaite de le pouvoir pla-
cer avantageusement; & cette
derniere action qu'il a faite, ajoûte encore beaucoup à l'impatience que j'en avois. Ie me remets
du surplus à sa vive voix, &
je demeure de tout mon cœur,

MONSIEVR,

Voftre tres-affectionné
à vous faire service,
LE CARDINAL MAZARINI.

Quand vous aurez raccommo-
dé vôtre Place, si vous venez faire un tour à Paris, vous pourez
vous addresser à M. le Tellier
comme à moy-mesme, & il vous
dira diverses choses dont je l'ay
entretenu. A Fontaine-bleau le
7. Iuillet 1650.

Au bas de la Lettre est écrit.

Monsieur de Bridieu.

A quoy on ajoûtera ce que le Cardinal a avoüé, qu'aprés avoir bien examiné les circonstances du siege de Guise, il n'avoit point cru la pouvoir sauver.

Monsieur Boucherat Chancellier de France, & pour lors Intendant de la Picardie, luy écrivit de sa part en ces termes obligeans.

A Soissons ce 3. Juillet 1650.

MONSIEUR,

En attendant que j'aye l'honneur de vous voir, qui sera aussi-tost que les chemins seront libres, j'ay crû estre obligé de me réjoüir avec vous de la belle action que vous avez faite, & du service que vous avez

rendu au Roy, & à l'Eſtat.
Ie vous ſupplie d'agréer les témoignages que ie vous en rends
en particulier, & de croire qu'outre la ioye que i'ay euë pour le
public de voſtre genereuſe reſiſtance, i'en ay receu une ſatis-
faction ſi particuliere pour voſtre
égard que ie ne puis vous l'exprimer. Toute la France attendoit cela de vous, & l'occaſion qui s'en eſt preſentée à eſté
ſi belle, que nos Hiſtoriens en
parleront avec étonnement : car
dans l'eſtat où eſtoient les affaires, ſans vous qui avez affoi-
bli nos ennemis qui eſtoient tres-
puiſſans, nous devions beaucoup
craindre ; nous en ſommes main-

P iij

tenant délivrez, & j'espere que
ce signalé service sera recompensé hautement, & tout ce
que leurs Maiestez feront pour
le reconnoistre sera au dessous
de ce que vous meritez & que
avez fait. I'espere, Monsieur,
que s'il se presente occasion de
vous servir en cette Province,
vous aurez assez de bonté pour
croire que je le feray avec passion, puis que je suis,

MONSIEVR,

Voftre tres-humble & tres-
obeïssant serviteur,
BOVCHERAT.

Au bas de la Lettre est écrit.

Vos soldats & habitans

qui ont suivi vostre exemple meritent une recompence considerable, je contribueray dans mon
employ à les faire reconnoistre,
suivant les ordres que j'en rece-
vray.

L'adresse de la Lettre est. A Monsieur, Monsieur de Bridieu, Conseiller du Roy en ses Conseils, Gouverneur des Ville & Chasteau de Guise,
A Guise.

L'année suivante, le Roy luy fit l'honneur de luy écrire encore sur le mesme
sujet en ces termes,

MONSIEUR DE BRIDIEU,

Les services considerables que
vous m'avez rendus dans toutes
les occasions qui se sont presentées, & particulierement au

P iiij

ſiege de Guiſe, où la reſiſtance
genereuſe que vous fiſtes ſignala
voſtre courage & la gloire de
cet Etat, ſont des gages trop aſſurez de voſtre zele & fidelité
pour laiſſer aucun lieu d'en douter: auſſi je vous puis dire, que
j'en ſuis autant perſuadé que
vous le pouvez deſirer: vous
le reconnoiſtrez lors que j'auray lieu de vous faire paroiſtre
la conſideration que je fais de
ceux qui me ſervent comme
vous; c'eſt ce que je vous diray
par cette Lettre, priant Dieu
qu'il vous ait, Monſieur de
Bridieu, en ſa ſainte garde. Signé LOUIS. A Paris le 18.
Septembre 1651.

Le 22. Fevrier 1652. sa Majesté luy fit
expedier un brevet, par lequel elle le
nommoit & l'élisoit pour estre l'un des
Chevaliers & Commandeurs de l'ordre
du Saint-Esprit, & pour y estre associé à
la premiere ceremonie qui s'en feroit :
ce qui auroit esté executé en effet, s'il
n'avoit renoncé à cet honneur, par un
attachement bien particulier aux interests de son Maistre le Duc de Guise.

Le mois d'Aoust suivant, le Roy
l'honora encore de la charge de Lieutenant General en ses armées, & le 8. Septembre 1657. il l'élut & l'établit l'un
de ses Conseillers en ses Conseils d'Etat
& Privé, & directeur de ses finances, en
memoire des services signalez qu'il a-
voit rendus en l'année 1650. au siege
de Guise : & cela doit suffire pour juger
des sentimens de la Cour sur ce sujet.

Montfort ne devoit pourtant pas
estre oublié, puis qu'il avoit si bien
secondé le grand courage de son Gouverneur. Sa Majesté luy donna une pension de deux mille livres à prendre sur
la mesme Election de Guise, avec promesse de luy en assigner quelques autres
encore sur des Benefices à la premiere

occasion. Deux ans aprés , Monsieur
le Cardinal luy envoya de la part du
Roy un Brevet de Mareschal de Camp,
quoy qu'il ne l'euft ni demandé,ni employé perfonne pour l'avoir. En effet,
comme il ne fe fentoit pas en eftat de
faire les dépenfes convenables pour
foûtenir honorablement ce caractere , il le renvoya à la Cour par deux
fois ; mais le Roy luy fit l'honneur de
luy écrire, qu'il vouloit qu'il le prift
& qu'il en fit les fonctions , & qu'il
fçavroit bien luy donner les moyens de
le faire avec honneur. Et pour marquer que fa Majefté a toûjours eu les
mefmes fentimens pour luy, Elle le
choifit en l'année 1665. pour eftre du
nombre des Chevaliers de fon Ordre
de faint Michel , & luy ordonna de recevoir le Collier de cette illuftre Compagnie. (Ceux qui ont efté aux Cor-
deliers à Paris ont pû voir fes armes en
fon rang avec le collier de cet Ordre
& fes qualitez. Ses armes portent de
geufle à la croix d'hermine, gringolé
d'or , timbré d'une couronne de Marquis avec deux leopards pour fupports,)
fur quoy on peut faire l'application des

paroles qu'Assuere fit retentir à la gloire de Mardochée, *sic honorabitur quemcumque voluerit Rex honorare.* C'est ainsi que le Roy honore ceux à qui il luy plaist de faire de l'honneur.

Mais il ne faut pas croire que sa Majesté se soit contentée de donner aux seuls Commandans de Guise des marques sensibles de la satisfaction qu'elle avoit de la conservation de cette Place. On pourroit parler des Lettres de Noblesse qu'Elle a données aux sieurs Poulain, des Forges & de la Chasse alors en charge de la Magistrature, non seulement pour leurs personnes, mais encore pour leurs familles : car quoy que ces trois hommes eussent leur merite particulier qui pouvoit les faire considerer, sçavoir le sieur Poulain qui se distinguoit dans le barreau en sa qualité d'Advocat; le sieur des Forges qui dés l'année 1635. avoit servi sa Majesté & le public dans les fonctions d'Advocat du Roy en l'Election & au Grenier à sel; & le sieur de la Chasse qui depuis long-temps estoit aussi Officier du mesme corps : cependant ç'a esté specialement pour reconnoistre les services qu'ils ont rendus à l'Etat dans le siege de Guise, que sa Majesté les a voulu distinguer des autres par ces titres d'honneur. Et en effet on a veu que le sieur Poulain n'a rien fait que de grand & d'heroïque dans sa charge de Maire durant tout le siege : on est obligé de dire que le sieur des Forges son Lieutenant en la Magistrature a partagé plus que personne la confiance des Commandans, qui connoissoient parfaitement le caractere de son esprit. D'ailleurs il joignoit à la solidité d'un bon sens des manieres si aisées & si agreables, que les plus jaloux de leur autorité & ceux qui présumoient le plus d'eux mesmes, ne se faisoient aucune peine de luy communiquer ce qu'ils avoient de plus secret & de plus important & de prendre ses conseils : & enfin le sieur de la Chasse a eu cet avantage dans sa charge de premier Echevin, qu'il estoit aimé generalement de tous les habitans, & avoit tout pouvoir sur leurs esprits : ce qui servit extrêmement à leur faire oublier leurs propres interests, & à sacrifier leurs biens, leur vie & leur fortune, pour la conservation de la Place en l'obeïssance & au service de sa Majesté.

On pouvoit parler encore de quelques autres pareilles Lettres de noblesse qui ont esté aussi accordées en cette mesme conjoncture à quelques autres des principaux habitans ; & dire, que le Roy a voulu par ces faveurs singulieres donner des marques sensibles de la parfaite satisfaction qu'il avoit de leurs services.

Mais on ne peut se dispenser de raporter avec toute la reconnoissance possible les bienfaits de sa Majesté envers tous les habitans de cette Ville ; & de dire que depuis le temps du siege Elle les a toûjours considerez & traitez comme bourgeois nobles, & les a exemtez des charges ordinaires aux roturiers ; Qu'Elle a conservé cette Place par préference à quantité d'autres, dont Elle a jugé à propos de faire raser les fortifications, depuis qu'Elle a avancé bien loin ses frontieres dans les Païs-bas, & que bien loin de la negliger Elle en a fait augmenter les fortifications, & Qu'Elle les entretient en meilleur estat qu'elles n'ont jamais esté, &

enfin que l'on a sujet de croire, qu'Elle
se fera un plaisir digne de sa grandeur,
de conserver par honneur une Place,
qui est située dans un endroit où ont
esté jettez les premiers fondemens de
la Monarchie Françoise sous le regne
de nos premiers Rois, qui depuis le
temps de Charlemagne a servi de rempart à tout le reste du Royaume, & qui
l'a défenduë courageusement dans plusieurs occasions, & sur tout dans celle
dont nous parlons.

Si le lecteur veut des preuves authen-
tiques des grandes considerations, &
des égard favorables que sa Majesté a
pour Messieurs les habitans de Guise
depuis le temps du siege de 1650. il n'a
qu'à lire quelques-unes de ses Lettres
Patentes que nous inserons icy, par lesquelles Elle les exempte des charges
ordinaires aux autres Villes.

LOVIS *par la grace de
Dieu Roy de France &
de Navarre. A nos Amez &
Feaux les gens de nos Comptes*

& Cour des Aydes à Paris,
Presidens & Tresoriers generaux de France au bureau de
nos Finances établi à Soissons,
Presidens , Lieutenant, Elûs,
& contrôlleurs en l'Election de
Guise chacun endroit soy, Salut. Nos chers & bien amez,
les Maire , Echevins & habitans de nostre bonne Ville &
fauxbourg de Guise, nous ont
fait dire & remonstrer qu'en
consideration de leurs services,
& qu'elle est frontiere & limi-
trophe des Païs-bas, sujette à
plusieurs grandes dépences, dom-
mages, incommoditez, pertes &
ruines, à cause des garnisons
qu'ils souffrent en tous temps ,

logemens & fournitures aux
gens de guerre, courses & incursions des étrangers; Les Rois
nos predecesseurs pour aucunement soûlager lesdits habitans,
les auroient affanchis & exemtez de toutes tailles, cruës,
subsides & équivalent mis & à
mettre sus, tant pour l'entretenement de nos gens de guerre &
armées, que pour quelque cause & occasion que ce soit; ensemble de tous droits de huitiéme & vingtiéme, & d'estapes,
fors des deniers du Taillon, ce
qui leur auroit esté confirmé de
temps en temps par nosdits predecesseurs, mesme par le feu Roy
nostre tres-honoré Seigneur &
Pere,

Pere, par ses *Lettres Patentes*
du 13. *Mars* 1627. qui ont esté
verifiées ou besoin a esté, en consequence desquelles & d'un Arrest de nostre Conseil d'Etat du
16. Iuillet 1634. qui décharge
de tailles les *Villes frontieres*
& *Maritimes*, lesdits exposans
ont toûjours jouy pleinement &
paisiblement dudit affranchis-
sement, comme ils font encore
de present, excepté dudit droit
de huitiéme & vingtiéme,
dont ils n'ont jouy que jusqu'en
l'année 1637. *Mais* d'autant
que s'ils en estoient plus long-
temps privez, ce seroit leur ruine totale; ils nous ont tres-hum-
blement suppliez & requis leur

Q

vouloir sur ce pourvoir, *&* leur
octroyer nos Lettres de confirmation de tous les susdits affranchissemens, mesme les augmenter pour donner d'autant plus
de moyen ausdits exposans de se
remettre *&* rétablir les ruines
de leurs maisons *&* grandes pertes qu'ils ont souffertes pendant
le siege qui a esté posé devant ladite Ville par nos ennemis, au
mois de Iuin dernier : à quoy
inclinant liberalement, sçavoir
faisons que nous desirant traiter
autant favorablement qu'il nous
est possible lesdits supplians, en
consideration des bons services
qu'ils nous ont rendus en plusieurs rencontres, particuliere-

ment pendant ledit siege, pour
soûtenir les efforts des assiegeans
& rendre leur entreprise inutile, comme elle a esté, & pour
les obliger de plus en plus à se
maintenir & conserver en nôtre obeïssance. De l'avis de
la Reine Regente nostre tres-
honorée Dame & Mere, & de
nostre Conseil qui a vû copie
desdites Lettres Patentes &
Arrest de verification d'icelles
cy-attachées sous le contre-scel
de nostre Chancellerie, Nous
avons ausdits Maire & Es-
chevins & habitans de nostredite Ville & fauxbourg de Guise, confirmé, continué & pro-
longé, confirmons, continuons &

Q ij

prolongeons par ces presentes
signées de nostre main, pour le
temps & terme de vingt ans en-
suivans & consecutifs, à commencer du jour & datte de ces
Presentes, lesdits affranchissemens & exemptions de toutes
tailles, taillon, cruës, aydes,
subsides, estapes & équivalent
mis & à mettre sus, tant pour
la solde & entretenement de nos
gens de guerre & armées, que
pour quelque cause & occasion
que ce soit : ensemble de tous lesdits droits d'imposition de huitiéme & vingtiéme, dont pour
ledit temps nous avons exemté
lesdits habitans, à la charge
neanmoins que la levée dudit

droit de huitiéme & vingriè-
me se continuera sur les Villages
de l'Election de Guise, ainsi
qu'il est accoûtumé. Et afin
d'étendre sur lesdits habitans
les effets de nostre bonne volon-
té conformément à la Lettre que
nous avons écrite le 7. dudit
mois de Iuillet au sieur de Bridieu, Commandant de ladite
Ville de Guise, Nous les avons
encore déchargez & exemptez
pour le temps de vingt ans, du
taillon, solde & payement du
Prevost des Mareschaux, son
Lieutenant, Greffier & Archers dont ils estoient exceptez
par lesdites Lettres Patentes de
nostredit feu Seigneur & Pere,

pour par lefdits fupplians joüir
à l'avenir defdits affranchiſſe-
mens, exemption & déchar-
ges cy-deſſus, durant ledit temps,
ainſi qu'ils en ont bien & deuëment joüy & uſé par le paſſé,
meſme dudit droit de huitiéme
& vingtiéme, ainſi qu'ils faiſoient avant ladite année 1637.
conformément auſd. LettresPa-
tentes du 13. Mars 1627. & autres precedentes. Si voulons &
vous mandons que ceſd. preſentes vous ayez à enregiſtrer pure-
ment & ſimplement ſans aucune difficulté, & de tout le contenu en icelles, vous faites, ſouf-
frez & laiſſez jouir & uſer
pleinement & paiſiblement,

ceſſant & faiſant ceſſer tous
troubles & empeſchemens au
contraire, déchargeant par vouſ-
dits Treſoriers de France de
l'eſtat de vos finances de voſtre
Generalité de la ſomme à laquelle ſe monte leur portion deſdites tailles, taillons & impo-
ſitions remiſes, & rapportant
ces Preſentes ou Vidimus d'icelles deuëment collationnées, avec
reconnoiſſance des habitans ou
de leur Procureur de la jouïſſan-
ce de noſtre preſente grace ſur ce
ſuffiſante, Nous voulons nos
Receveurs deſdites tailles, taillon, équivalent, droit de huit
& vingtiéme, & autres à qui
ce pourra toucher, en eſtre te-
nus quites & déchargez en

leurs comptes par vous gens de nosdits Comptes. Vous mandant ainsi le faire sans difficulté. Car tel est nostre plaisir, nonobstant que par les Commissions expediées ou à expedier pour la levée de nosdites tailles, taillon, cruës, aydes, subsides, huitiéme et vingtiéme, & tous autres deniers, il soit mandé, y compris exemts & non exemts, privilegiez & non privilegiez; en quoy ne voulons iceux habitans de nostredite Ville & fauxbourg de Guise y estre compris, ains les en avons pour le temps susdit reservez & exceptez, reservons & exceptons, nonobstant aussi

quelcon-

quelconques Ordonnances, Ar-
refts & Lettres à ce contraires,
aufquelles fans tirer à confequence nous avons dérogé &
dérogeons par cefdites Prefentes.
Donné à Paris le 10. de Mars
l'an de grace 1651. & de noftre
regne le huitiéme. Signé, LOÜIS,
Et plus bas, *par le Roy, la*
Reine Regente fa mere prefente,
PHELIPPEAUX, avec les en-
regiftremens de la Chambre
des Comptes; Signé, BOUR-
LON. De la Cour des Aydes.
Signé, BOUCHER. Du Bureau
des Finances de Soiffons.
Signé, QUYRET; & du Greffe
de l'Election de Guife. Signé,
LE TELLIER.
Cependant comme Meffieurs de la
R

Chambre des Comptes firent difficulté sur le temps de l'octroy des Lettres
de sa Majesté qu'ils jugerent excessif
& extraordinaire en fait de semblables
graces & privileges. Voicy une Lettre
de Jussion qu'Elle leur adressa sur ce
sujet, par laquelle on peut juger de ses
sentimens envers ses bons sujets les habitans de Guise.

Louïs par la grace de Dieu Roy de France *&* de Navarre, *A nos Amez & Feaux les gens de nos Comptes à Paris, Salut. Les services signalez que nos chers & bien amez les habitans de nôtre Ville de Guise & fauxbourg d'icelle, nous ont rendus en la défense de ladite Ville contre les ennemis de cet Etat qui l'avoient assiegée au mois de*

Iuin de l'année derniere 1650.
Nous auroient obligé pour leur
donner des marques de la satisfaction que nous avons de leur
fidelité et affection dont ils nous
ont donné des preuves en cette
occasion si importante, et pour
leur donner moyen de se remettre et rétablir des ruines de
leurs maisons et grandes pertes
qu'ils ont souffertes pendant ledit siege, de leur accorder par
nos Lettres Patentes du 10.
Mars dernier, la confirmation,
continuation et prolongation
pour vingt années prochaines et
consecutives, à commencer du
jour et datte de cesdites Lettres,
de leurs affranchissemens et e-

xemptions de toutes tailles, taillon, cruës, aydes, subsides, estapes & équivalent mis & à
mettre sus, tant pour la solde &
entretenement de nos gens de
guerre & armées, que pour quelque cause & occasion que ce soit,
ensemble de tous les droits d'imposition de huitiesme, & de vingtiéme dont ils auroient cy-devant
joüy par Lettres Patentes des
Rois nos predecesseurs, ainsi
qu'il est plus au long contenu
par nosdites Lettres, lesquelles
vous ayant esté presentées pour
les verifier, au lieu de ce faire,
vous auriez par vostre Arrest
du 16 de ce mois, ordonné qu'ils
joüiroient de toutes lesdites exem-

ptions pour dix ans seulement, ce qui estant contraire à nostre intention & au desir que nous avons qu'ils jouïssent pleine-ment de l'effet de la grace que nous leur avons accordée. A ces causes, voulant traiter au-tant favorablement qu'il nous est possible lesdits habitans pour les obliger de plus en plus à nous continuer leurs services, & augmenter le courage avec le-quel ils ont si genereusement dé-fendu ladite Ville & rendu inu-tils les efforts desdits ennemis; de l'advis de la Reine Regente nostre tres-honorée Dame & Mere; Nous vous mandons & tres - expressement enjoignons

par ces presentes signées de nôtre main qui vous serviront de
derniere & finale Iuſſion ſur ce
ſujet, que ſans vous arreſter à
voſtre Arreſt & aux motifs qui
vous ont pû obliger de moderer
leſdites joüiſſances pour dix années ſeulement, ni attendre de
nous autre commandement plus
exprés, vous ayez à proceder
incontinent à la verification &
entérinement pur & ſimple de
noſdites Lettres & du contenu
en icelles, & faire joüir leſdits
habitans de noſtredite Ville &
Fauxbourgs de Guiſe pendant
ledit temps de vingt années, no-
nobſtant voſtredit Arreſt &
toutes choſes à ce contraires,

ausquelles nous avons dérogé
& dérogeons par cesdites presentes. CAR tel est nostre plaisir. Donné à Paris le 20 jour
de Iuin l'an de grace 1651. *&*
de nostre regne le neuviéme.
Signé, *LOVIS.* Et plus bas,
Par le Roy, la Reine Regente sa mere presente. PHE-
LIPPEAUX.

Ces Letres ont esté confirmées de
temps en temps, & pour faire voir
que les sentimens de sa Majesté sont
toûjours les mesmes pour ces habitans,
voicy les dernieres Lettres par-lesquel-
les elle leur a confirmé ses premieres
graces.

*L*Ouïs *par la grace de*
Dieu Roy de France &
de Navarre. A nos Amez &

Feaux Conseillers, les gens de
nos Comptes & Cour des Aydes à Paris, Presidens & Tresoriers Generaux de France au
bureau des Finances établi à
Soissons, Presidens, Lieutenans
& Elûs en l'Election de Guise,
chacun endroit soy ; Salut. Nos
chers & bien amez les Maire,
Eschevins & habitans de nostre
Ville & Fauxbourg de Guise
nous ont fait dire & remontrer
qu'en consideration de leurs services, & de ce qu'ils sont obligez de faire la garde de jour &
de nuit tant en paix qu'en guerre, pour la conserver en nostre
obeïssance, & empescher toutes surprises & incursions des

étrangers, les Rois nos predecesseurs les auroient affranchis
& exemtez de toutes tailles,
cruës, subsides & équivalent
mis & à mettre sus, pour quelque cause & occasion que ce
soit, ensemble de tous droits de
huitiéme & vingtiéme & d'e-
stapes, fors des deniers du taillon, ce qui leur auroit esté confirmé de temps à autre, tant par
le Roy nostre tres-honoré Seigneur & Pere, par ses Lettres
Patentes du 13. Mars 1627. que
par Nous, par nos Lettres Patentes du 20. Mars 1651. 15.
Aoust 1670. & 14. Aoust 1676.
dont les dernieres sont pour le
temps de six années; Mais

d'autant qu'elles sont expirées,
lesdits exposans nous ont tres-
humblement supplié leur vouloir
continuer la mesme grace, & leur
octroyer nos Lettres sur ce necessaires, à quoy inclinant liberalement; Sçavoir faisons que
desirant traiter autant favorablement qu'il nous est possible
lesdits exposans en consideration des bons services qu'ils nous
ont rendus en plusieurs rencontres, particulierement pendant
le siege qu'ils soûtinrent en l'année 1650 & des incommoditez
qu'ils souffrent par les frequens
passages & logemens d'un nombre infini de gens de guerre, de
l'avis de nostre Conseil qui a

veu lesdites Lettres, ensemble
les Arrests de verification d'icelles cy-attachez sous le contrescel
de nostre Chancellerie, Nous
avons ausdits Maire, Eschevins & habitans de nostre Ville & Fauxbourg de Guise confirmé, continué & prorogé, confirmons, continuons & proro-
geons par ces presentes signées
de nostre main, pour le temps &
terme de six années, à commencer du jour & datte des
presentes, lesdits affranchissemens
& exemptions de toutes tailles,
taillon, cruës, subsides, estapes
& équivalent mis & à mettre
sus, tant pour la solde & entretenement de nos gens de guerre

& armées que pour quelque
cause & occasion que ce soit,
dont pour ledit temps nous les
avons exemtez & dechargez,
exemtons & dechargeons, pour
par eux en joüir à l'avenir tout
ainsi qu'ils en ont bien & deuëment jouy & usé & jouissent encore à present. Si voulons &
vous mandons que ces presentes
vous ayez à enregistrer pure-
ment & simplement, & de leur
contenu faire joüir & user lesdits Exposans pleinement &
paisiblement comme ils ont fait
par le passé, cessant & faisant
cesser tous troubles & empes-
chemens au contraire, nonobstant
que par les commissions des tail-

les, taillon, cruës, aides, subsides
& tous autres deniers, expediez
ou à expedier pour la levée d'i-
ceux il soit mandé y compris, e-
xemts, & non exemts, privilegiez & non privilegiez; en quoy
ne voulons iceux habitans de
nostredite Ville & Fauxhourgs
de Guise y estre compris, ains
les en avons pour le temps susdit reservez & exemtez, reservons & exemtons, nonobstant
aussi toutes Ordonnances, Arrests & Lettres à ce contraires,
ausquelles sans tirer à consequence nous avons dérogé &
dérogeons par ces Presentes;
CAR tel est nostre plaisir. Donné à Versailles le 28. jour de

Decembre, l'an de grace 1683.
& de nostre regne le quarante-
uniéme. Signé, *L O V I S.* Et
plus bas, *Par le Roy.* PHELIP-
PEAUX ; & *registrez* en la
Chambre des Comptes *le premier
jour de Mars* 1684. Signé,
RICHER.

Ces trois pieces suffisent, comme
l'on croit pour faire connoistre à toute la terre que sa Majesté a toûjours eu
pour les habitans de Guise des considerations tres-particulieres ; & nom-
mément depuis le siege de l'an 1650.

Il ne faut donc pas s'étonner si Elle
a toûjours conservé, & si Elle conserve
encore si précieusement sa Ville de Guise par préference à tant d'autres, & que
pour l'entretenir en bon estat, Elle a
donné l'Intendance de ses fortifications
à un homme dont le merite & la capacité en cet art est connu de tout le

monde. Il y a mefme au deffous de luy
un infpecteur, lequel joignant fes
foins à ceux de l'Intendant, ne negli-
ge rien pour conferver & réparer les
travaux de la Place.

C'eft auffi ce qui fait croire que fa
Majefté la confervera toûjours comme
une place tres-importante à l'Etat, &
qui a merité par fes longs & fignalez
fervices d'eftre confervée & confacrée
à l'immortalité. C'eft ainfi que nous
voyons que l'on conferve précieufe-
ment dans les Trefors facrez & dans
les Arfenaux, les armes qui ont fervi
aux Princes à remporter la victoire
dans les combats, & que les Officiers
& mefme les foldats qui fe font fignalez dans le temps de la guerre, ne laiffent pas d'eftre entretenus honorablement durant la paix, & lors mefme
qu'ils font tout à fait hors de fervice.

On peut ajoûter que Guife a cet a-
vantage de pouvoir fe garder foy-mê-
me & fe défendre en cas de befoin, ayant
des habitans aguerris comme ils font,
& d'une fidelité qui n'a jamais efté fuf-
pecte à leur Roy ; outre que la dépenfe
qu'il convient de faire pour fa garni-

son est tres-peu considerable dans les
Finances.

Quoy qu'il en soit, on ne peut dis-
convenir, que Guise n'ait rendu un service tres-important à l'Etat par la genereuse resistance qu'elle a faite contre
ses ennemis, & que la levée de ce siege
en 1650. n'ait causé une extrême joye
& apporté un tres-grand repos à toute
la France.

Mais il faut dire pour conclure cette
histoire à la gloire de Dieu, que la levée du Siege de Guise est un coup du
ciel, & comme un miracle de sa toute-
puissance.

QUE LA LEVE'E DU SIEGE
de Guise est un coup du ciel, & com-
me un miracle de la toute-puissance
de Dieu.

ON ne peut nier que tout ce qui a
esté dit à la gloire, tant des Commandans & des gens de guerre, que des
habitans qui ont soûtenu le siege de la
Ville & Chasteau de Guise, ne soit tres-
juste, & que les grandes vertus qu'ils
y ont

y ont fait paroiſtre ne meritent l'eſtime
d'un chacun & des loüanges immortelles.

On croit meſme pouvoir dire, que
c'eſt le triomphe du nom de Guiſe, que
c'eſt ce nom toûjours triomphant qui
a jetté la terreur, le trouble & le de-
ſeſpoir parmi les ennemis, & qui a
rempli de force, de vertu & de generoſité toute extraordinaire tous ceux qui
ont ſervi en cette occaſion. Que c'eſt
ce grand Duc de Guiſe qui eſtant priſonnier alors en Eſpagne a fait quelque choſe de plus heroïque que Sam-
ſon, puiſque celuy-cy n'eſt demeuré
vainqueur de ceux qui le tenoient cap-
tif, qu'en s'accablant luy-meſme ſous
leurs ruines, au lieu que ce Heros a
renverſé l'Eſpagne en France, eſtant au
milieu de l'Eſpagne, & par la ſeule
terreur de ſon nom.

On dira encore quelque choſe de
plus judicieux en diſant, que le triomphe de Guiſe eſt le triomphe de Loüis
le Grand, qui n'a pas plu토ſt commencé a regner qu'il a commencé a triompher, & à qui Guiſe doit la gloire de ſon
triomphe.

Cependant Dieu nous faiſant en-

S

tendre qu'il eſt le Seigneur Dieu des
armées, qu'il tient tous les Royaumes
en ſes mains, & que c'eſt luy qui donne la victoire à qui bon luy-ſemble;
Nous ſommes obligez de lever les yeux
au deſſus de tout ce qui peut tomber
ſous nos ſens & dans noſtre imagination, pour dire & avoüer franchement
qu'il y a au deſſus de nous une puiſſance ſuperieure de laquelle dépend le ſort
des armes, & à qui il faut attribuer
les victoires. Mais il faut dire que
c'eſt particulierement la levée du ſiege
de Guiſe qui doit paſſer pour un coup
du Ciel & comme un miracle de la
toute-puiſſance de Dieu. Et en effet,
comment ſe ſeroit-il pû faire autre-
ment, que cette Place en l'eſtat qu'elle
eſtoit euſt pû reſiſter à une armée auſſi
puiſſante qu'éſtoit pour lors celle d'Eſpagne, & dans des conjonctures de
temps auſſi fâcheuſes que celles qui
ont eſté remarquées ? Qui eſt-ce qui a
empeſché cette armée de prendre d'amblée la Ville de Guiſe, ouverte comme
elle eſtoit alors en pluſieurs endroits,
ſans preſque aucunes fortifications,
& ayant ſi peu de monde pour la défen-

dre? Et cette Ville eſtant priſe d'amblée, comme elle le pouvoit eſtre, le
Chaſteau auroit-il pû tenir ſeulement
vingt-quatre heures à la veuë d'une
armée de plus de quarante mille hommes, commandée par des Generaux tres-
experimentez dans le métier de la
guerre?

Il faut donc en convenir de bonne
foy que c'eſt un coup du Ciel, & comme un miracle de la toute-puiſſance
de Dieu : & auſſi n'y a-t'il perſonne de
tous ceux qui l'ont veu & qui y ont eſté
preſens qui ne l'avoüe franchement, &
qui ne diſe avec le Roy Prophete ;
*Non nobis Domine non nobis, ſed nomini
tuo da gloriam,* non Seigneur, non ce
n'eſt point à nous à qui en appartient la gloire, mais à voſtre nom qui
en ſoit à jamais beni. Diſons donc que
trois puiſſances ſuperieures ont eſté
employées à la conſervation de Guiſe.

1. Les Anges tutelaires.

2. Les ſaints protecteurs, & ſpeciale-
ment la ſainte Vierge.

3. Les vœux qui ont eſté addreſſez
au Ciel par des ames fidelles.

Pour ce qui eſt des Anges-tutelaires,

c'eſt une verité conſtante dans l'Ecriture Sainte & dans la doctrine des Peres,
qu'il y en a qui ſont commis à la garde des Villes, des Seigneuries & des
Principautez, des Provinces & des
Royaumes. Et on peut croire que dans
cette occaſion, non ſeulement l'Ange
de la Ville & Chaſteau de Guiſe a
veillé à ſa défence & à ſa conſervation,
ſuivant l'ordre qu'il en avoit receu de
Dieu; mais que s'agiſſant du bien de
tout le Duché, l'Ange du Duché de
Guiſe y eſt venu au ſecours: qu'y allant
du ſalut ou de la perte de toute la Province, l'Ange tutelaire de la Picardie
s'y eſt auſſi trouvé pour la défendre.
Enfin que tout le Royaume ayant inte-
reſt dans la conſervation de cette Place,
l'Ange tutelaire de la France, c'eſt à
dire, le grand Archange ſaint Michel
y eſt encore accouru avec les eſcadrons
de la milice celeſte. Et comme on a
coûtume de repreſenter les Anges ſous
la figure d'animaux aiſlez; peut-eſtre
que l'on ne trouvera pas mauvais que
je rapporte icy une obſervation qui
fut faite à la veille de la levée du ſiege,
& qui a fait de grandes impreſſions

dans l'esprit de plusieurs personnes de
bon sens, & que Monsieur Des-Champs
ancien Chanoine de la Collegiale du
Chasteau, & plusieurs autres de l'un &
de l'autre sexe racontent encore aujourd'huy comme une merveille ; c'est
que dans le temps que l'on se prépa-
roit à soûtenir l'assaut , parmi le bruit
des tambours, le son des trompettes ,
le feu & le tintamarre de l'artillerie ; &
enfin parmi le tumulte des gens de
guerre, tant des assiegeans que des
assiegez, on fut étonné de voir un pi-
geon blanc venant de la campagne du
costé de la Mothe, lequel voltigea assez
long-temps aux environs & au dessus
du Chasteau d'un vol fort égal , & sans
paroistre aucunement éfarouché, & qui
enfin s'alla reposer sur le sommet de la
lanterne de la Tour, & y demeura à la
veuë de tout le monde tant que le jour
pût durer. Il est permis à un chacun
de faire sur cela tel raisonnement qu'il
luy plaira ; mais on ne doit pas trouver
mauvais que l'on dise que ce fut un
présage de bon augure ; & que comme
Dieu se servit du ministere de la Co-
lombe pour apporter à Noé les nou-

velles de la fin du déluge ; de mefme
il n'eft pas improbable qu'il envoya celle dont nous parlons pour annoncer la
nouvelle de la levée de ce fiege : & fi
la foy nous oblige de croire que le
Saint Efprit mefme a apparu fous la
figure de cet oifeau, il femble qu'il n'y
ait pas lieu de condamner abfolument
le pieux fentiment de quelques perfonnes qui ont penfé que les Anges tuté-
laires de Guife, par une difpofition divine, fe fervirent de ce figne pour af-
furer les habitans de Guife de leur protection. Quoy qu'il en foit, le fait eft
conftant & affez remarquable pour n'e-
ftre pas omis dans cette relation.

Pour ce qui eft des faints Protecteurs
de Guife, il eft indubitable qu'ils ont
employé le merite de leurs intercef-
fions pour obtenir fa délivrance des
mains de fes ennemis : fur quoy il faut
remarquer que les Feftes de tous les Patrons de la Ville & du Chafteau font
arrivées pendant le temps du fiege : celle de faint Gervais & de faint Prothais
titulaires de l'Eglife Collegiale du
Chafteau le 19. Juin : celle de faint
Pierre & de faint Paul titulaires de l'E-

glise de la Ville le 29. & celle de saint
Medard titulaire de l'Eglise Succursale
du Fauxbourg dans le mesme mois. Et
si la voix du peuple est la voix de Dieu,
comme l'assure le Saint Esprit dans l'E-
criture Sainte, c'est le sentiment & la
voix des grands aussi bien que des petits,
que Guise a esté conservée par la protection de ses Patrons & Titulaires.

Mais il faut avoüer que c'est principa-
lement par l'assistance de la sainte Vierge; non seulement parce qu'elle est la
Reine des Apostres, des Martyrs & des
Confesseurs que Guise reconnoist pour
ses Patrons, mais aussi parce qu'elle est
la premiere Patrone & Titulaire de la
Ville où elle estoit honorée dans une
Chapelle consacrée à son nom, avant
mesme que l'Eglise Paroissiale fust bastie
en l'estat qu'elle est, & qu'elle fust de-
diée à Dieu sous l'invocation des glorieux Apostres saint Pierre & saint Paul.
Il faut avoüer, dis-je, que c'est à cette
Reine des Cieux, laquelle selon les
paroles du Saint Esprit, estant capable
de donner de la terreur à ses plus grands
ennemis, par sa belle ordonnance &
par la majestueuse disposition de toutes

les vertus qu'elles possede, *terribilis* ﬁ *castrorum acies ordinata*, a voulu faire éclater la grandeur de son pouvoir en la levée du siege de Guise.

On sçait que cela s'est fait le deuxiéme jour de Juillet Feste de la Visitation; & de si grand matin que chacun a eu moyen de la solemniser avec ferveur; & peut-estre avec plus de devotion qu'on ne l'avoit jamais solemnisée auparavant. Et en effet qui est-ce qui n'auroit esté touché d'une devotion tres-sensible, entendant le Prophete Zacharie entonner si agreablement & si à propos ces paroles que l'Evangile rapporte dans le recit de ce mystere, *Benedictus Dominus Deus Israël, quia visitavit & fecit redemptionem plebis sua.* Benit soit le Seigneur Dieu d'Israël, parce qu'il a visité & racheté son peuple, *quia visitavit & fecit redemptionem plebis sua* ? Mais je laisse aux lecteurs ces sentimens de pieté pour continuer mon histoire.

Voicy quelque chose sur ce sujet que l'on ne sera pas fâché d'apprendre.

Vn de nos Peres nommé le R. P. Antoine Masson, natif de la Ville de Roze

en Picardie, qui demeure maintenant
au Convent de Vincennes, où il com-
pose & met sous la presse des matieres
fort curieuses & fort sçavantes sur l'E-
criture Sainte, mais qui demeuroit
alors en celuy de Guise. Ce bon Pere
estant allé trouver le Comte de Fuensaldaine Generalissime de l'armée, à sa
tente pour avoir des sauvegardes pour
le Convent, qui dans l'endroit où il est
basti estoit exposé à tout, il se trouva
environné de plusieurs Officiers qui luy
firent diverses questions, chacun à sa
façon, ausquelles il répondoit aussi à la
sienne : Enfin comme il eut avancé quelque parole sur la confiance qu'il avoit
en la protection de la sainte Vierge, un
de ces Messieurs luy dit cavalierement,
Pere : la sainte Vierge a esté jusqu'à pre-
sent bien Françoise, mais Dieu mercy la
voilà qui commence à estre Espagnole. Ce
mot ne tomba pas à terre, mais fit rire
la Compagnie, il n'y eut que le Pere
qui sçeut le relever comme il faloit, &
qui fit bien voir en cette rencontre
qu'il ne manquoit pas d'esprit non plus
que de pieté. *Vous vous trompez, Mon-*
sieur, luy dit-il fort librement, *la sainte*

Vierge participe plus que personne du monde aux perfections de Dieu, & comme il est immuable par son essence, elle vous fera connoistre bien-tost à vos dépens qu'elle n'a point changé, qu'elle est encore & qu'elle veut toûjours estre Françoise.

C'est une rencontre à laquelle chacun donnera telle interpretation qu'il luy plaira ; mais il faut avoüer que c'estoit répondre juste, & que ceux d'entre Messieurs les Officiers qui voulurent y faire quelque reflection dans la conjoncture du temps de la Visitation de la sainte Vierge, reconnurent bien la verité de sa prédiction.

Quoy qu'il en soit, il est de la pieté de croire que les grands vœux qui ont esté faits en cette occasion par les ames fidelles, pour implorer la misericorde de Dieu par l'intercession de la sainte Vierge & des autres Saints, ont esté tout-à-fait efficaces.

Nous avons déja dit dans cette Histoire, que dés le commencement du siege le R. P. le Grand mit un si bon ordre dans le Chasteau, & y inspira si bien la devotion à toutes les personnes qui y estoient retirées, qu'à toutes les

heures du jour & de la nuit il y en avoit
plusieurs en oraison devant le saint Sacrement; & s'il est vray, ce que l'on dit,
que pour apprendre à prier il n'y a qu'à
se trouver en peril de faire naufrage,
on peut juger de la ferveur avec laquelle chacun s'acquittoit de ce devoir dans
une conjoncture aussi pressante que
pouvoit estre celle de ce siege : & si, comme dit saint Jacques Apostre, l'oraison
continuelle d'un juste a tant de pouvoir
auprés de Dieu, on ne peut pas douter
que celles de tant de gens de bien & de
tant de saintes ames qui prioient jour
& nuit, n'ayent incliné sa bonté à leur
faire misericorde & à sauver cette Ville
du glaive des ennemis de la France;
d'autant plus qu'elles joignoient à leurs
prieres le jeûne, les larmes & les au-
mosnes soit envers les pauvres de la
Ville, soit envers les soldats.

Mais ce que l'on ne peut passer sous
silence, c'est ce qui fut fait en cette occasion de la part du sieur de Bridieu. Il
fit vœu à la sainte Vierge de faire faire
en son honneur son image en relief
d'argent, & de la donner à la Chapelle
du saint Rosaire établie en l'Eglise des

Minimes, si par son intercession il pouvoit obtenir de Dieu la victoire sur ses
ennemis avec la délivrance de la Place.
En quoy on pouroit comparer ce grand
homme de guerre à Jephté ce genereux
Capitaine du peuple de Dieu, qui estant
animé d'un zele extraordinaire, promit
par serment de luy sacrifier le premier
de sa maison qui luy viendroit à la rencontre, s'il luy faisoit la grace de luy
donner la victoire sur les Ammonites
ses ennemis ; mais avec cette difference
pourtant, que celuy-cy ne peut estre
excusé d'indiscretion dans son vœu, &
qu'il ne put l'executer sans regret de
perdre sa fille unique sur laquelle tomba malheureusement le sort de son serment précipité : au lieu que nostre Heros ne peut qu'estre loüé d'un vœu si
religieux, & qu'il a executé avec autant
de plaisir que de generosité. Cette figure de la sainte Vierge qui est posée
sur un fort beau pied-d'estal d'ébenne,
garni de plaques d'argent, est portée
en procession dans l'Eglise & dans le
Cloistre du Convent des Minimes
tous les premiers Dimanches du mois,
& aux Festes qui sont celebrées à l'hon-

heur de Noſtre-Dame, avec le concours
de toute la Ville qui eſt fort devote à
cette Reine des cieux : & pour marque
de ce vœu, on voit aux pieds de la figure les armes de ce pieux Commandant, qui ajoûte à celle de ſa famille
que nous avons cy-devant blaſonnez,
un lambel d'argent de trois pieces, tym-
brè d'une couronne perlée, & deux
lions pour ſupports, comme il ſe voit
en cet Ecuſſon.

Mais voicy une autre eſpece de vœu
que le ſieur de Bridieu fit avec le ſieur
de Montfort qui a quelque choſe de
plus noble que le ferment de Scipion
dont nous avons parlé, & qui doit

passer dans l'esprit de tout ce qu'il y a de
gens d'honneur dans le Royaume, pour
un trait tout à fait heroïque.

Montfort estant monté au Chasteau
pour en faire venir des vivres & des pro-
visions aux troupes qu'il commandoit
dans les dehors , le sieur de Bridieu
l'appella & luy dit , *Mon Cousin , al-*
lons entendre la Messe de ce Chanoine
qui la va dire dans l'Eglise du Chasteau,
à quoy Montfort répondit , *C'est fort*
bien fait à vous , Monsieur : pour moy
je suis bien aise d'aller entendre celle de
mon Camarade, où il faut sçavoir qu'il
parloit du R. P. le Grand qui la disoit
tous les jours dans les dehors ; car il
y demeura toûjours jusqu'au temps que
les mines devoient joüer, & pour lors
il monta au Chasteau où il fit des prodiges , comme il a esté dit. J'ajoûteray
en passant , qu'on remarqua qu'aprés
l'effet des mines , il fut tout le premier
à donner des témoignages publics de
sa joye & de sa reconnoissance envers la
bonté divine, criant, *Dieu soit loüé, gra-*
ces à Dieu, vive le Roy, courage enfans,
nous sommes sauvez. C'estoit donc le
R. P. le Grand que Montfort appelloit

son Camarade, tant à cause de l'extrême
confiance qu'il avoit en luy & de l'a-
mitié singuliere qu'ils avoient l'un pour
l'autre, qu'à cause qu'il ne l'abandon-
na jamais dans les dehors, allant jour
& nuit de quartier en quartier & de
corps de garde en corps de garde,
animant les Officiers aussi bien que les
soldats à faire chacun leur devoir pour
le service du Roy, leur faisant cent ca-
resses & amitiez, & rendant des services tout à fait heroïques, tant aux blessez qu'aux mourans ; & c'est ce que l'on
ne sçauroit assez dire à la gloire de ce
grand homme dont le nom ne doit jamais estre effacé de la memoire de tous
les gens d'honneur. Quoi qu'il en soit, le
sieur de Bridieu ayant autre chose dans
l'esprit qu'il ne disoit pas, fit tant d'in-
stance à Montfort qu'il l'emmena à l'E-
glise avec luy. Dés qu'ils y furent entrez, Bridieu ayant les larmes aux yeux
dit à Montfort pendant que le Prestre
s'habilloit, *Mon cher, j'ay une grace*
à vous demander. Vous n'avez qu'à com-
mander, répondit Montfort, *car je feray*
aveuglement tout ce que vous pourrez sou-
haiter de moy. Selon toutes les apparences,

continua Bridieu, *nous ne pourrons pas
soûtenir long-temps contre une armée si
puissante, n'ayant ni nouvelles de la Cour,
ni aucune esperance d'estre secourus dans
l'estat où l'on sçait que sont les affaires:
Mais quoy qu'il arrive, il nous faut resoudre à y mourir en braves ; & afin que
l'un de nous deux venant à estre tué, l'autre ne puisse se rendre par aucun traité qui
soit indigne du nom François & du nom
de Guise, mettons-nous à genoux l'un contre l'autre, & dans le temps de la consecration, faisons serment sur la part que
nous prétendons au Ciel, de ne nous rendre l'un & l'autre que la hallebarde ou la
pique à la main, & de plûtost répandre
jusqu'à la derniere goute de nostre sang,
& d'estre ensevelis sous les ruines de la
Place, que de tomber vivans entre les
mains des ennemis*; ce qu'ils executerent
jurant & protestant avec serment entre
eux, qu'ils ne se rendroient à quelque
composition que ce pût estre ; & s'en
allerent ainsi chacun à son poste aprés
la benediction du Prestre. C'est un fait
dont le sieur de Montfort peut rendre
témoignage, puis qu'il est encore plein
de vie à sa maison de Mery prés de

Reims, & qu'il eſt glorieux de le laiſſer
à la poſterité pour ſervir d'exemple à
tous les braves & fidelles ſerviteurs du
Roy. Et pour lever tout le ſcrupule
qui pourroit naiſtre ſur ce ſerment dans
des ames moins genereuſes ; on me
permettra de dire qu'il a eſté ſi agreable au Seigneur Dieu des armées, qu'il
a ſuffi pour donner la victoire à ceux
qui ont eu le courage & la reſolution
de le faire dans cette conjoncture.

En voilà aſſez pour dire que la levée
du ſiege de Guiſe eſt un coup du Ciel
& comme un miracle de la toute-puiſſance de Dieu.

On n'oſeroit pourtant omettre un
fait dont toute la Ville a toûjours parlé
comme d'un miracle, & qui aſſurément
doit paſſer pour une marque ſenſible
de la protection de Dieu. Comme un
Preſtre, (c'eſtoit le R. P. François Baſin
Minime) diſoit la ſainte Meſſe dans
l'Egliſe du Chaſteau, le tres ſaint Sacrement expoſé ſur l'autel, un boulet
de canon, à la veuë de tous les aſſiſtans
qui eſtoient en grand nombre, perça
la muraille, vint tomber au deſſus du
tabernacle ſur un dais qui ne pouvoit

estre d'aucune resistance, & y demeura comme suspendu jusqu'à la fin du Sacrifice, de sorte qu'il ne blessa ni le Prêtre ni pas un de l'assemblée. On laisse à ceux qui ont veu cette merveille, d'en déduire plus au long les particularitez.

Mais aprés tout, pour estre convaincu que la levée du siege de Guise passe dans l'esprit des peuples pour un coup du Ciel & pour un miracle de la toute-puissance de Dieu, il n'en faut point d'autres preuves que les grandes actions de graces qui luy en sont renduës solemnellement chaque année par toute la Ville au jour de la Visitation de la sainte Vierge le 2. de Juillet.

Depuis ce temps-là ce jour est festé dans Guise comme une des plus grandes Festes de l'année: l'Office divin s'en fait solemnellement dans l'Eglise Collegiale du Chasteau, avec exposition du saint Sacrement, par le venerable Corps de Messieurs de Chapitre, accompagné de tout le Clergé seculier. Il s'y fait aussi une procession generale de tous les corps tant Ecclesiastiques que Laïcs, en laquelle le Tres-Saint Sacrement est porté avec autant de pompe & de ma-

gnificence qu'il se fait à la Feste-Dieu.
Messieurs les Chanoines, Monsieur le
Curé avec les autres Ecclesiastiques se-
culiers y assistent en Chappes, & les
Peres Minimes en leur rang sous leur
croix. Messieurs les principaux Officiers
du Duché y portent le Dais du costé
droit, & Messieurs les Maire & Eschevins de l'autre : Et tous les Corps des
Confreries commencent cette Procession le flambeau allumé, chacun sous
sa banniere ; celuy des Archers allant sous
l'étendard de saint Sebastien l'arc & la
fléche en main. La Procession va ainsi en
ceremonie par la ville parmi la sympho-
nie des violons, qui estant meslée avec
le chant de l'Eglise font d'agreables ac-
cords. La devotion éclate specialement
en la ruë de Chanteraine, où il se
fait un beau reposoir à l'endroit des
mines. Et enfin elle se termine par le
Te Deum, & par une Messe solemnelle
que l'on chante quand on est de retour
à l'Eglise.

Mais ce qui contribuë beaucoup à
rendre cette pompe éclatante, c'est la
presence de Monsieur le Gouverneur,
accompagné de Monsieur le Lieutenant

de Roy, de Monsieur le Major & de la
Nobleffe, tant de la Ville que des lieux
circonvoifins, & environné de fes gardes reveftus de Cafaques aux armes de
fa maifon, & le moufqueton fur l'é-
paule.

Le fexe devot ne manque pas d'y affi-
fter auffi : & nous y avons veu Madame
la Gouvernante & Madame la Lieute-
nante de Roy, qui paroiffant dans cette
magnifique ceremonie, comme au nom
des Amazones de la France, faifoient
honneur à toutes les Dames & Demoifelles de la Ville, qui ont eu tant de
part dans la victoire de l'année 1650.

Tous les Officiers & les foldats de la
garnifon font cependant fous les armes, & marquent par leur contenance
guerriere, qu'ils ont toute l'envie du
monde d'imiter le courage de ceux
dont ils occupent la place.

L'aprefdinée il y a predication dans
l'Eglife de faint Pierre pour exciter toûjours les peuples à demeurer dans la re-
connoiffance envers la divine Majefté:
& enfin pour rendre cette Fefte plus fo-
lemnelle, le Souverain Pontife a accordé des Indulgences plenieres à tous les

fidelles qui la celebreront avec les fentimens d'une veritable pieté.

Et afin qu'il ne manque rien à une fi
grande folemnité, Monfieur le Gouverneur fait tirer le canon du Chafteau
en figne de réjoüiffance, & pour entretenir toûjours dans l'efprit & dans le
cœur des braves habitans de Guife cette vertu martiale qui les a rendus victorieux de leurs ennemis. En quoy on a
fujet de fe loüer beaucoup des bons offi-
ces que rendent en cette occafion Meffieurs les Commiffaires & les autres
Officiers de l'Artillerie, & prefente-
ment entre les autres, le fieur du Har-
dra de faint Loup, qui eft affez connu
par fes anciens fervices; car ils font bien
voir dans le profond calme de la paix
dont joüit la France fous la Majefté
triomphante de noftre fouverain Monarque, qu'ils n'ont pas oublié le métier de la guerre, & qu'ils n'attendent
que les occafions de mettre en poudre
tous ceux qui voudroient troubler un
regne fi glorieux & en mefme temps fi
heureux.

C'eft donc avec juftice, qu'en rendant
la gloire à Dieu, nous concluons dans

un esprit de reconnoissance envers sa
divine Majesté, que le Triomphe de
la Ville de Guise en l'année 1650. est un
coup du Ciel & comme un miracle de
sa toute-puissance.

me il eſt plus au long porté par ledit Privilege.

Et ledit P. Iean-Baptiſte de Verdun a cedé le Privilege cy-deſſus à Pierre de Launay Marchand Libraire, pour en joüir ſuivant l'accord fait entre eux.

Regiſtré ſur le Livre de la Communauté des Imprimeurs Libraires de Paris le 3. Iuin 1687.
J. B. COIGNARD, Syndic.

Achevé d'imprimer pour la premiere fois le 10. Iuillet 1687.

Les Exemplaires ont eſté fournis.

De l'Imprimerie de la Veuve Denis Langlois 1687.
Aux dépens de Pierre de Launay.

1387. m^r. Renaut de couloigne ... gou^r. dequel
Reg. dupl. Vol. A. arm. le lag. p. 392

www.ingramcontent.com/pod-product-compliance
Ingram Content Group UK Ltd.
Pitfield, Milton Keynes, MK11 3LW, UK
UKHW021051150726
13693UKWH00007B/291